"Gud er kærlighed,

og den, der bliver i kærligheden,

bliver i Gud,

og Gud bliver i ham"

Første Johannesbrev 4,16

Thomas Reinholdt Rasmussen

Gud er kærlighed

Kristologiske prædikener

FSC
www.fsc.org
MIX
Papir fra ansvarlige kilder
Paper from responsible sources
FSC® C105338

Forlag: Books on Demand GmbH, København, Danmark
Tryk: Books on Demand GmbH, Norderstedt, Tyskland

ISBN: 978-87-7170-061-9

FORORD

I prædikenen når teologien sit praktiske højdepunkt. I prædikenen skal teologien formidles og formuleres klart, for man kan ikke gøre andet end at prædike, når den teologiske indsigt skal gøres nærværende. Det teologiske arbejde ender ikke i troslære, men i forkyndelse.

Da kvinderne påskemorgen kommer til graven, møder de i deres sorg en tom grav. De søgende kvinder finder slet ikke det, de søger, og kristendommen begynder derfor med den forunderlighed, at søgende mennesker ikke finder det, de søger. De søgende finder mindre end ingenting, nemlig en tom grav, og derved begynder det.

Nu kunne graven være blevet tom på så mange måder. De kunne være gået til den forkerte grav eller nogen kunne have stjålet Jesu lig, og den mulighed påpeges allerede hos Matthæus. Derfor begynder det hele heller ikke kun med en tom grav. Det begynder også med, at een tyder kvindernes erfaring af gravens tomhed. For der sidder en ung mand eller en engel ved graven og tyder deres erfaring ved at sige, at graven er tom, fordi Jesus er opstået. Den unge mand i hvide klæder tyder kvindernes erfaring, og det må være paradigmet på en prædiken: tydet erfaring. Ikke bare tydet på må og få, men tydet ud fra opstandelsen.

Det er den første prædiken: Han er opstået. Han er her ikke.

Det er den første prædiken og det er kernen i al kristen forkyndelse: Han er opstået. Jesus er Kristus. Det er det, Martin Luther kalder "at drive på Kristus". Denne fortolkningsnøgle er i dagens kirkelige debat omstridt. Nogle synes at mene, at det betyder, at man spiller Kristus ud mod teksten, sådan at nogle dele af bibelen ikke læses eller kan undlades. Men det er forkert. Når læsningen af bibelen og forkyndelsen driver på Kristus, så vokser Kristus op af teksten. Så bliver Kristus levende i de døde ord. Opgaven er derfor at fastholde bibelens ord og at finde Kristus i dem, som kvinderne fandt Kristus i gravens tomhed.

De følgende prædikener er et forsøg på at lade Kristus vokse ud af bibelordet.

Man kan ikke andet end at forkynde det. Det er det, den unge mand i hvide klæder gør ved gravens åbning. Han taler om, at Kristus er opstanden, og han siger da: "Nu har jeg sagt jer det". Man kan kun sige det, men ingen er herre over hvordan og af hvem det talte ord tages op. I det lys skal prædikener også læse.

Kristus er opstanden. Nu har jeg sagt jer det.

Thomas Reinholdt Rasmussen

Sct. Catharinæ, Hjørring

Fastelavn 2015

Indhold

III

JEG FORSAGER

Luk.11,14-28

En central del af den kristne tro og af gudstjenesten er trosbekendelsen. Trosbekendelsen, som vi lige har sagt her i kirken i dag, har været en del af den kristne kirke og menighed i snart 2000 år. I den første tid var det blot de tre ord ”Jesus er Herre”, der var bekendelsen, men som årene gik, blev bekendelsen udbygget til det vi kender i dag. Men stadig kan man sige, at summen af bekendelsen er ordene: Jesus er Herre.

Hvad betyder det?

Det betyder, at man tror og fastholder, at Jesus er herre over alt hvad der ødelægger livet og i sidste instans er Jesus herre over døden. Jesus er herre over alt som forkrøbler vores liv og lægger det øde. Det er det, vi tror og derfor det vi bekender.

Men som noget ganske særegent for den danske kirke, så indledes bekendelsen hos os med en forsagelse: ”vi forsager Djævelen og alle hans gerninger og alt hans væsen", siger og bekender vi. Kun vi og kirken i Norge har denne forsagende indledning til bekendelsen. Det er en gamle rest fra oldkirken af eksorcismen, altså uddrivelsen af den onde, som på den tid var en særlig handling, der foregik ved gudstjenesten og som vi så i dag kender som forsagelsen, der indleder bekendelsen.

Og hvad er så den onde?

Ja, man må sige, at historien har mange fantasifulde fremstillinger af ham. Med horn i panden eller trefork og spids hale og så videre. Mange forestillinger som sandelig ikke siger os meget i dag. Men et er forestillingerne. Noget andet er den realitet, der ligger bag. For svundne tiders fantasifulde forestillinger dækker jo over en reel erfaring. Og bare fordi man smider de fantasifulde forestillinger væk, skal man ikke tro, at man smider realiteten af det onde væk. Det vil være en stor illusion.

For hvis vi spørger os selv og spørger mennesker omkring os, så har vi alle erfaringer af det onde. Ikke bare af det forklarlige onde, men også erfaringer af at man overvældes af sygdom, tab og lignende som man egentlig er uden skyld i og som blot overvælder en og forkrøbler for en tid – eller måske for altid – hele livet.

Alle har vi erfaringer af det onde i en eller anden form. Og historiens fremstillinger af det onde kan vi måske i dag trække på smilebåndet ad, men vi må da vide og forstå, at forestillinger ikke er det samme som realitet, og at bare fordi vi ikke længere kan anerkende svundne tiders ideer og forestillinger af det onde, så forsvinder det onde ikke af den grund.

Det onde findes – det siger vore erfaring os – men det skal forsages. Vi skal tydeligt sige og bekende, at det vil vi ikke have noget at gøre med.

Og det er det, vi gør i indledningen til trosbekendelsen. Vi siger, at det onde findes, men vi siger også at vi vil gøre alt for at bekæmpe det og ikke overgive os til det. Livet er mere end det.

Så forsagelsen er altså en uddrivelse af den onde ånd, som Jesus taler om i dagens evangelium. Ved forsagelsen uddriver vi det, der truer med at ødelægge og forkrøble vores liv, og vi siger tydeligt, at vi ikke vil have noget med det at gøre.

Det kan vi nok være enige om uanset observans og tro, at det onde skal bekæmpes. Men forsagelsen er ikke nok, for der findes ondskab i verden, som er ude af vore hænder og uden for vores magt. Det står altså ikke i vores magt alene at gøre hele verden god. Det siger al erfaring os.

Derfor efterfølges forsagelsen også af en bekendelse. En bekendelse til den treenige Gud, der er gået ind i sin verden for at overvinde den onde.

Hvis forsagelsen – afstandstagen – fra det onde, blot står alene, så vender den onde ånd tilbage til huset, der er fejet og prydet, for vi kan ikke ved egen magt holde livets ødelæggende kræfter tilbage. Derfor må forsagelsen efterfølges af bekendelsen.

Jesu ord er ord om at det er muligt at vinde over det, der forkrøbler livet og lægger det øde, det vi kalder for det onde. Hans ord er ord om at tilintetgørelsen ikke skal vinde. Det er store ord. Det er livsbekræftende ord. Og derfor må en kvinde i skaren også udbryde, da hun har hørt på Jesu ord, at salig er det moderliv, der bar dig! Hvilken moder ville ikke prise sig lykkelig for at have fået en så livsbekræftende søn? Men Jesus peger væk fra selv med ordene: salige er de, som hører Guds ord og bevarer det, tager det til sig, grunder over det i en indre og ydre kamp. For salig er den, der ved Guds ord og skabermagt genindsættes i fornyet og forsonet liv. Det er det, vi bekender i ordene, der følger efter forsagelsen: at det onde er en stor og voldsom magt i vores liv, men at der er en, der større: Gud selv – skaber af himlen og jorden og også af dit og mit liv, her på jord – her på denne plet i Guds skaberværk.

Amen

Tversted kirke 2011

I

GUD ER

Gal.6,2-10

For nogen tid siden læste jeg i en avis et stort interview. Det handlede om en kvinde på 61 år, der pludseligt og ganske uden noget varsel havde fået en form for eksplosiv sklerose, der betød, at i løbet af tre-fire år ville livet løbet ud for hende. Hurtigt ville hun miste evnen til at tale, senere også til at spise og til sidst ville det være slut. Sygdommen var brudt ud fra den ene dag til den anden. Hun havde følt et klik i kroppen, og da var hun syg.

Journalisten, der talte med hende, vidste, at hun var et troende kristent menneske, og han spurgte hende, om troen betød noget for hende i forbindelse med sygdommen, og hun udfoldede et meget smukt og positivt syn på troen, som det fundament, der holdt hendes liv oppe. Men da spørger journalisten om hun ikke er blevet anfægtet i sin tro, om hun ikke havde fået en følelse af uretfærdighed med hensyn til sygdom, og da falder de flotteste ord jeg har hørt længe. Hun siger: ”Gud ER – det er det indiskutable udgangspunkt i tilværelsen”.

Gud ER!

Det står simpelthen ikke til diskussion. For hvis det står til diskussion, så falder alt. Journalisten spørger som sin tid ud fra den forudsætning, at Gud er et forbrugsgode, som kan byttes, hvis man ikke er tilfreds med kvaliteten. Men Gud kan ikke byttes. Gud lader sig ikke spotte. Gud er. Gud slipper vi ikke for, hvad enten vi tror eller ej. Det er ikke vores tro, der skaber Gud. Gud er hvad enten vi tror eller ej. Jeg synes det var et meget smukt udsagn fra en meget præcis kvinde, der er ramt i livet.

Det minder om et andet berømt interview jeg engang har hørt med en kendt præst i Danmark, Knud Hansen. Han blev spurgt om han troede på Gud. Og Knud Hansen kiggede så lidt forbløffet på journalisten, og svarede efter en pause: ”Hvad i alverden skulle jeg ellers tro på!?”

Gud er. Gud lader sig ikke spotte. Gud står ikke til diskussion. At diskutere Gud er allerede at have nedskrevet ham. Tro på Gud betyder ikke om man tror, at Gud er til. Hvis man spørger et barn, om det tror på sin mor, så betyder det jo ikke om man tror, at dets mor er til. Det ville være et tåbeligt spørgsmål. Man spørger, om man tror på, at dets mor taler sandt. På samme måde med spørgsmålet: "tror du på Gud?" Det betyder, om vi tror på, at Gud taler sandt; om Gud er nådig og kærlig; eller grum og grusom. Men grunden er altid: Gud er!

Derfor siger kvinden i interviewet også senere hen, at det grundlæggende hun har lært gennem sin sygdom er at have tid. Tid til hinanden og tid til højtid og fest, og tid til bøn.

Og det er jo netop det dagen i dag handler om: at have tid til bøn og fordybelse. Fordybelse i det ord, der giver liv. Også liv på trods.

Kvinden opfyldte med de ord Kristi lov om, at hun trods sin egen sygdom, bar sine byrder. Hun gav mod på livet til os andre. Hun delte i sin svære stund troens fylde og glæder med os andre. Og hun viste os glæden i Gud og trofastheden i Gud. Derved opfyldte hun i det små de ord, som lyder i dagens apostelord. At dele alt godt. At dele troen. Og som hun såede, således blev der høstet: troen på Guds nærvær og trofasthed blev et solidt holdepunkt i hendes svære stund.

Således kan det ske, at man kan grunde over et ord i biblen, og pludselig lukkes op for nye erfaringer op. Det står ikke til diskussion, at ordet står i biblen; men vores forståelse af ordet står til diskussion. På samme måde står det ikke til diskussion at Gud er; men vores forståelse af Gud står til diskussion. Det er det, der skal arbejdes med. Det er det, vi skal dele med hinanden.

Hvis vi kun indrettede verden og Gud efter vores nuværende forståelse, så kom vi aldrig længere end vi er nu. Nogle ting skal står uanfægtet, hvis verden skal have mening, og blandt det er, at Gud er.

Opgaven for enhver kristen er at grunde over Guds ord, og dagen i dag er en god dag at gøre det på. Bruge dagen på at overveje forholdet til Gud, og overveje hvem Gud er. Gud har selv sagt, hvem han er gennem Jesus Kristus, vores opgave er at komme overens med det. Måske gøre det i lyset af Knud Hansens svar på spørgsmålet om han troede på Gud, så svarer: "Ja, hvem i alverden skulle jeg ellers tro på!?"

Amen

Paide kirke, Estland 2010

GUDSFRYGT

Luk. 2,42-52

Engang imellem må man gerne standse op og prøve at fundere over, hvilken Gud det er vi tror på. Hvordan er Gud og hvorledes udfolder han sig?

Når man betragter historiens forløb, så kan man tydeligt se, at Gud har ændret karakter gennem historien. Tilbage i tiden var han en næsten uberegnelig størrelse, der både gav og tog i livet, og som egentlig ikke var særligt rar at komme i nærheden af. I vore dage er det som Gud mere og mere er gledet ned til at blive en hyggeonkel, som er så rar, flink og kærlig og som man kun kan vente sig gaver af. Det er som om, at man til tider har lidt svært ved at se forskel på Gud og på julemanden.

Men hvem tror på julemanden som voksen? Og hvorfor så tro på Gud?

Det er klart, at det er skønt at have en Gud, der er rar, men spørgsmålet er, om det i grunden svarer til vore erfaringer. Er vores liv virkelig uden smerte og uro –

uden ængstelse? Er vores liv, som ofte er skønt, virkelig altid ubetinget rart? Hvis der kommer en sådan forskel mellem livet, som det leves og Gud, som forkyndes, så svarer Gud ikke til erfaringen af verden. Så bliver Gud irrelevant. Og det er nok det sidste Gud er. Så måske har vi forkyndt en Gud, som er sød og rar, men som vi i grunden ikke kan bruge til noget?

Men hvilken Gud er det, der males for os, når vi høres bibelens beretninger? Og her tænker jeg ikke kun på det gamle testamentes Gud, der sender plager over folket og oversvømmer den verden han har skabt. Nej, jeg tænker faktisk også på det nye testamentes Gud, der lader sin søn korsfæste og rydder tempelpladsen i vrede. Hvilken Gud er det?

Ja, det er nok en Gud, der svarer mere til erfaringen. Til erfaringen af verden med dens glæder og sorger. Det er en Gud, der fører os af underfulde veje.

Se blot på beretningen til i dag, hvor vi hører om Maria og Josef, der pludselig ikke kan finde Jesus. Det barn, som Maria har oplevet alt det underfulde med. Det barn, som var hendes største glæde, er nu forsvundet fra hende, og har fremkaldt hendes største skræk. Det barn, som hun kalder Guds nåde, er pludseligt taget fra hende. Ja, man kunne næste kalde evangeliet til i dag for fortællingen om den forsvundne nåde.

Således erfarer Maria og Josef pludselig, at Guds nåde er forsvunden fra dem, og de har både anfægtelse og skræk, og begynder at lede efter ham. Og hvor har de været ængstelige, som de siger, da de finder ham.

Beretningen er god at have for øje, når man selv føler, at Guds nåde har forladt en. Når man selv i ængstelige øjeblikke føler, at man er uden Gud i verden og synes at alt truer med at synke i grus, så det godt at vide at selv Maria og Josef havde disse erfaringer. Selv de mest hellige i verden, har erfaret det, vi i ængstelige øjeblikke selv kan erfare.

Og hvor finder Maria og Josef så Jesus igen? De finder ham siddende ved Skriftens ord. Derved peger evangeliet til i dag på to ting: dels at nåden kan erfares som forsvunden og at den kan findes igen ved at se på Skriften. Ved at se på fortællingen om Kristus, som netop ikke – selv i de mørkeste øjeblikke – forlod os. Ham, der siger: se, jeg er med dig alle dage indtil verdens ende. Han er også med der, hvor du måske selv kun erfarer mørke og ængstelse.

Der findes et udtryk, vi ikke bruger meget i vore dage. Jeg har egentlig kun mødt det hos ældre mennesker, der har oplevet livet – både glæder og sorger i det, og det er ordet gudsfrygt. Det er sandelig ikke et ord vi bruger ret tit i vore dage. For det vækker associationer i os, der måske ikke er så gode. Men alligevel har det i sig en betydning, som måske er værd at huske på, og som Maria og Josef netop også blev husket på ved den beretning vi hører til i dag.

For den, der frygter Gud, frygter ikke verden. Men hvad nu hvis Gud ikke er værd at frygte? Hvad nu hvis vi har fremmalet os et billede af Gud, der er rar og sød, som vi indledte med nogle betragter om i dag? Hvad nu hvis Gud ikke er værd at frygte, frygter vi så verden? Der er meget, der tyder på det. Vi kan ikke bruge en Gud, der ikke er værd at frygte til noget. En Gud, der blot er hyggelig og rar. For en sådan Gud stiller os i ængstelse for verden. Maria og Josef lærte gudsfrygt gennem de hændelser vi hører om til i dag. Beretningen om den forsvundne nåde, der findes igen i Kristus. Og hvis vi går til Martin Luther, så var hans Gud aldrig rar, men frygtelig. Det var, med et ord fra apostlen, frygteligt at falde i den levende Guds hænder. Men Luther stillede sig bag Kristus, som også Maria og Josef gør. Her var der ro, og herfra kunne verden tages i favn. Her tales der om en Gud, der svarer til vores erfaringer af livet. Her tales om en Gud, der tager både os og verden alvorlig. For den, der frygter Gud, frygter ikke verden. Det lærte Maria og Josef. Det ved vi også godt selv. Vores erfaringer af verden og Gud må på en eller anden måde svare til hinanden. Men de siger ikke alt. Erfaringen lærer os at frygte Gud, men Guds ord lærer os, at der er mere at sige end det. At Gud er kærlig og nådig – i Kristus.

Amen

Sørig kirke Hellig tre Konger 2011

GUDS VILKÅRLIGHED

Matt. 15,21-28

Hvis der er et evangelium, jeg ofte vender tilbage til både i mine tanker og i forkyndelsen, så er det fortællingen om den kanaanæiske kvinde. Både fordi den er så tydelig i dens fortælling om menneskets forhold til Gud, og fordi den siger noget uendeligt væsentligt om Gud og hans forhold til os.

Jeg tror, den største anfægtelse mennesker har haft i historien og egentlig også den største anfægtelse, jeg har mødt blandt folk, som de er flest, er tanken om Guds vilkårlighed. Altså den forestilling at Gud er vilkårlig, og at han – uden nogen form for formål - sender mennesker til fortabelse og til frelse. Gud synes vilkårlig, hvilket betyder, at man næsten ikke kan stole på ham. Hvorfor noget sker og ikke noget andet, og hvorfor skal nogle dø og ikke andre? Det spørgsmål åbner for en vilkårlighed, der slet ikke er rar at have med at gøre.

Tanken om at Gud er vilkårlig kan vi støde på i mange forskellige former for udtryk. Enten opgiver man helt gudstroen og affinder sig med en form for skæbnetro, der bare tager verden som den kommer, eller også forbliver man indenfor gudstroen, og ender her i en stram forudbestemmelseslære, det man kalder prædestination, hvor Gud uden nogen form for synlig grund dømmer til fortabelse eller frelse, eller også forsøger man at undgå, at Gud bliver vilkårlig ved at lægge hele ansvaret på mennesket alene: det er mennesket, der ved sin tro - altså ved *sin* vilkårlighed - dømmer sig selv til frelse eller fortabelse.

Alle disse muligheder kan vi finde både indenfor og udenfor kristentroen, og læren om forudbestemmelsen er for eksempel udviklet til perfektion i islam, hvor Allah er den rene vilkårlighed og ikke bundet af noget som helst; men også indenfor kristentroen, for eksempel hos den schweiziske reformator Calvin, kan vi finde klare træk af forudbestemmelse; klare træk af Guds vilkårlighed, der ikke står til diskussion.

Men spørgsmålet er jo om en Gud, der er vilkårlig, også er en Gud, vi kan stole på? Er en vilkårlig Gud ikke en tilfældig Gud uden mål og med? Og er Gud egentlig vilkårlig i kristendommen?

Og her kommer den kanaanæiske kvinde ind i billedet. Hun kommer til Jesus i al sin nød, fordi hendes barn er plaget af sygdom. Og han siger ikke et ord. Jesus er tavs. Gud er tavs. Hvilken frygtelig tavshed. Kvinden møder Guds tavshed. Men kvinden giver ikke op. Hun kommer tættere på Jesus. Hun spiller hans egen forkyndelse ud mod Jesus, og hun fanger Jesus i hans egne ord. Kvinden har hørt om Jesus og det hørte har skabt tro i hende og den tro er fast uanset hvad hun møder af forhindringer. Det hørte om Jesus har skabt tro i hende. Og det sker hende da som hun ville, som skrevet står.

Det er en historie, der gentager sig mange hundrede år efter hos Martin Luther. I juli 1541 var hans gode ven og medarbejder, Filip Melanchthon, blevet frygtelig syg, og alle troede, at han skulle dø. Og Luther fortæller, at han gik ind i sin stue alene, og satte Gud stolen for døren, og tudede Gud ørerne fulde. Han råbte til Gud: ”det kan du ikke være bekendt!”. Og han skældte ud på Gud, og så kommer det store ord: ”Og jeg forkyndte ham den korsfæstede!”. Luther forkynder evangeliet for Gud selv! Han viser ham den enbårne – Guds egen søn, som et pant på Guds kærlighed. Han spiller, ligesom den kanaanæiske kvinde, Gud ud mod Gud.

Og der sker det forunderlige, både for den kanaanæiske kvinde og for Luther, at Gud holder op med at være vilkårlig. Før forkyndelse af den korsfæstede Jesus Kristus, var Gud en vilkårlig Gud, der sendte mennesker til fortabelse eller frelse, som han ville. Efter korset har Gud bundet sig til verden. Gud er ikke vilkårlig.

Derfor er kristentro ikke blind skæbnetro eller forudbestemmelse, ej heller er vi mennesker i al vores uformåenhed og i al vores usikkerhed og tvivl, grunden til vor egen fortabelse eller frelse. Grunden til vor frelse er Jesus Kristus på sit kors. Den, der holder sig til den korsfæstede Kristus er vis på frelsen. Jesus Kristus er et skjold både overfor Gud og overfor verden, som Thomas Kingo så smukt skriver et sted: "Jeg kæmper for min salighed/bag Kristi stærke skjolde".

Derfor er evangeliet om den kanaanæiske kvinde så løfterigt, trøsterigt og mægtigt. Fordi det hæver Gud ud af en blind vilkårlighed og tung skæbnetro, og over i en levende tro, hvor Gud har noget at gøre med verden og med os. Det er jo det, der er det afgørende: at Gud i Kristus har noget at gøre med verden og vi har noget at gøre med Gud gennem Kristi kors. Her hænger vi sammen. I korset bliver Gud til Gud og vi bliver til mennesker.

Og det evangelium er værd at gå ud i verden med: at Gud ikke er en fjern og blind Gud, der ikke har interesse for os. Gud har netop har dyb interesse og veneration for os, for ellers ville han ikke have gennemført påskens dramatiske begivenheder, som vi snart på ny skal høre om.

Det afgørende er, at vi skal stole på Gud; stole på at vi har en nådig Gud. Og hvis den tro svigter, og det kan den gøre hos selv den bedste, da se på den korsfæstede Jesus Kristus. Se hvilken kærlighed fra Gud, der stråler ud fra ham. Se på den korsfæstede og se at han deler vilkår med os, både i dag og i morgen, og se Gud gennem den korsfæstede, som en, der er til at stole på. Ja se Gud som en Gud, der i højeste grad er til at tro og stole på.

Amen

Fastegudstjeneste Skagen kirke 2011

GUDS UFORANDERLIGHED

Mark. 16,1-8

Evangeliet til påskemorgen er kerneevangeliet. Det er her at alt vender og det er om dette evangelium, at alt har sit omdrejningspunkt.

Men der er noget forunderlige ved det. Det ses først, når vi har set på de andre evangeliestykker til kirkeåret. I alle de andre stykker, er Jesus til stede som en igangsættende faktor eller i det mindst som den, der er afgørende for beretningens forløb. Vi hører ham tale og vi hører, at han handler.

Men i evangeliet til påskemorgen sker der noget ganske andet. I dette altafgørende og væsentlige evangelium er Jesus som det eneste sted i det nye testamentes beretninger fraværende.

Jesus er ikke til stede. Han hverken handler eller taler i evangeliet til påskemorgen.

Det er i sandhed forunderligt. Det er i sandhed forunderligt, at i det væsentligste evangelium, som vi kender – påskemorgens evangelium – er Jesus der ikke.

Og hvorfor ikke?

Fordi han er opstanden. Han er hverken begravet i graven eller begravet i teksten. Han er opstået fra graven og opstået fra teksten.

I de andre beretninger er Jesus så at sige bundet i tekstens forløb. Han er bundet af fortællingen og af ordene. Men i evangeliet til påskemorgen, er han fri af teksten og fri af fortællingen. Han er opstået. Og opstandelse betyder frihed. Frihed fra skyld, nød og død. Jesus er sluppet fri, og vi kan ikke binde ham af hverken grav eller fortælling.

Det er denne opstandelsens frisættelse, der også er centrum for Bachs kantate: "Christ lag in Todesbande", som vi hører i her i dag. Det er en af de tidligste kantater, som Bach skrev, og den er sandsynligvis fra påsken 1707. Bach skriver musikken som gudstjenestemusik, og således bruges den også her dag, og Bach skriver den i tilknytning til Luthers store tekst om Kristi kamp i gravens mørke.

Og nogle gange er det klogt lige at standse op, og tænke over hvad der egentligt siges og spilles. For Bach og Luther er to mægtige teologer, der tænker teologi så fyldt med sprængstof, at vi ofte må finde deres tanker mægtigt provokerende i vore dage.

For prøv for eksempel at høre: hvis Kristus kæmper i graven, som Bach og Luther udfolder det, så må der stå noget på spil. Og hvis der står noget på spil på kors og i grav, så har Gud sat sin almagt på spil. For hvis Gud blot er almægtig, så er der jo ingen kamp. Så er det hele jo blot et skuespil. Et spil for galleriet. Og hvis kors, grav og opstandelse blot er et skuespil, hvor Kristus aldrig var i virkelige fare, for han kunne jo overvinde døden, så kan vi ikke stole på vores erfaringer, for da er døden ikke reel. Hvis Gud kun kæmper i graven på skrømt, så er døden ikke en reel fjende, og da tror vi forkert, hvis vi tror det.

Men det er heller ikke det, hverken Bach eller Luther siger.

De siger at Gud kæmper. *I dødens bånd vor frelser lå, og det var en tvekamp underfuld, hvor liv og død de brødes.* Her har Gud sat sig selv på spil i Jesus Kristus, på kors og i grav. Har kan vi ikke uforkortet tale om en filosofisk uforanderlig Gud. Men tværtimod om en Gud, der kæmper og kæmper for os i kærlighed.

For talen om Guds uforanderlighed skal ikke ses i lyset af Guds filosofiske ophøjethed, men i lyset af Guds kærlighed og trofasthed. Guds trofasthed varer i evighed, som salmisten skriver. For hverken Bach eller Luther kan tale om en filosofisk uforanderlig Gud, men de taler om en trofast Gud i kærlighed, hvilket er noget helt andet.

Det er det, de griber fat i. Og derved også i noget, som kan gribe ind i vore dages debat om Guds foranderlighed. For Bach og Luther tænker langt mere radikalt om kristendommen, end mange af os måske gør det. Og nogle gange er det værd at tænke over.

Den norske forfatter Karl Ove Knausgård har et essay i sin nye bog "Sjælens Amerika", hvor han grunder over Guds uforanderlighed. Han beskriver det som at betragte et bjerg. Man kan se bjerget stående massivt med skyerne omkring sig. Vi kan se skyerne forandrer sig, mens bjerget forekommer uforanderligt. Men det er det jo ikke. Også bjerget forandrer sig. Men vi synes at det er uforanderligt ud fra vores standpunkt af tid og rum. Vi skal passe på med at tale om uforanderlighed både med hensyn til bjerge og med hensyn til Gud.

For den Gud, der ligger i dødens bånd og som kæmper en tvekamp underfuld, han sætter alt på spil – også det at være Gud – for døden er en reel fjende for os alle.

Men han vinder og opstår af graven og af teksten, for at være i kærlighed hos os i dag. Jesus Kristus er hos os og ikke i graven eller i teksten. For Guds uforanderlighed er i Guds trofasthed og kærlighed. Det er det, der kaldes evangelium, og det er det, vi holder gudstjeneste på.

For i dødens bånd vor frelser lå, men opstod på ny, og derfor kan vi holde for livet fest, fordi vi glædeligt tror, at livets svar ikke er døden, men livets svar er Gud, der elsker os tværs gennem kors, død og grav. Elsker i sin uforanderlige kærlighed.

Amen.

Sct. Catharinæ kirke, kantategudstjeneste 2014

II

FORBEREDENDE FORVENTNING

Luk.4,16-30

Tilbage i min første tid som præst i mit første embede blev jeg en aften op til første søndag i advent ringet op af min graver. Han var noget forsigtig i sin forespørgsel til mig, og jeg forstod vist først ikke helt, hvad det drejede sig om. Men jeg fandt ud af, at det drejede sig om adventskransen eller rettere: det drejede sig om båndene i adventskransen. For spørgsmålet var, om de skulle være røde eller lilla.

Jeg må indrømme, at jeg synes at spørgsmålet lå lidt uden for mine kompetencer, men det viste sig, at man tilbage i tiden i sognet havde haft to præster, der hver for sig holdt på hver deres farve bånd. Situationen var blevet så tilspidset, at man var nødt til at anskaffe sig to adventskranse, der så kunne hejses op, når den respektive præst var i tjeneste i kirken.

Da jeg synes, at det var et rimeligt perifert spørgsmål, måtte jeg sige, at jeg valgte den samme farve bånd som min kollega, og således blev det.

Men spørgsmålet består: skal der være røde eller lilla bånd i adventskransen. Og det er faktisk ikke kun et lidt forunderligt spørgsmål, men har også noget at gøre med hvorledes vi betragter adventstiden.

For grundlæggende er adventstiden til tid til forberedelse eller til bod. Det er en tid, hvor man gør sig klar til julen og hvor man forbereder sig. Farven på boden eller forberedelsen er lilla. Derved bliver adventstiden til en stille tid, hvor sindet stemmes til julens fest.

Men det er jo også således, at adventstiden i vor tid også er blevet en juletid, hvor julekalender åbnes og julen så småt holder sit indtog. Derved bliver tiden til en forventningstid. Og derved må farven i adventskransen blive rød.

Forventning eller forberedelse. Det er spørgsmålet. Teksterne vi hører i kirken i adventstiden lægger umiddelbart op til forberedelse, og der er ikke meget julestemning i verdens undergang eller i Jesu forkyndelse i synagogen i dag. Men omvendt hviler der også en forventning over teksterne. En forventning om at Gud griber ind, som profeten Esajas siger det: ”at nu fortæller jeg det nye, før det spirer frem, forkynder jeg det". Forventning om at Gud griber ind.

Forventning eller forberedelse.

Tilhørerne i Nazareths synagoge, som vi hører om i dagens evangelium, fik vel netop ikke hvad de forventede. Og det gjorde dem rasende, selvom de vel på et vis plan fik mere end forventet.

Problemet for tilhørerne i synagogen er, at forventningen sprænges og at de får det, de forventer nu og her – i dag.

Og de får det ikke fra oven gennem en storslået åbenbaring. De får det gennem tømrerens søn fra Nazarth. Problemet, at det hele bliver alt for menneskeligt.

Men det er jo netop kristendommens kerne, at Gud kommer til os gennem det menneskelige. Vi og tilhørerne i Nazareth har vel ofte et ønske om at være alene med Gud. Det er nok det, der er det afgørende i al den meditation og mystik, der omgiver os. At være alene med Gud. Men Jesus siger jo, at vi aldrig bliver alene med Gud! Han siger faktisk det modsatte!

Vi kan kun høre og tjene Gud ved at høre og tjene et andet menneske. Vi bliver aldrig fri for hinanden. Vi bliver aldrig alene med Gud.

Det er det ord, der rammer tilhørerne som et kølleslag. At de er forpligtede på hinanden ved Guds sammenknytning.

Det ord lyder i synagogen, og det ord er ikke bare et skriftligt ord, men ved Jesu forkyndelse slipper ordet ud af bogen, han læser op fra. Ordet slipper ud af beretningen i Nazareth og ud i verden. Ja ordet om Gud når endog helt derud, hvor der er hedninger, og hvor det slet ikke går efter bogen. Nu er ordet ved Jesus sluppet fri, og vi slipper aldrig fra at høre det. Og når vi møder ordet er det i skikkelse af og som det ord fra medmennesker og af den medmenneskelighed, som ordet antog, da det slap ud af bogen.

Så nej, tilhørerne fik umiddelbart ikke, hvad de forventede. De forventede en smuk udlægning, men fik et krav om at det ord, de hørte også havde betydning for dem. Ikke bare betydning i skønhed, men betydning i deres liv med hinanden. De blev ikke alene med Gud. Men de blev forpligtet på hinanden. Det er bevægelsen.

Forventning eller forberedelse. Det er spørgsmålet. Rød eller lilla bånd. Det er spørgsmålet.

Der kan vel ikke svares entydigt på spørgsmålet, for forventningen kræver forberedelse, og forberedelsen kræver forventning. Men vi må ikke pakke forventningen ind i vat og glemme at Ordet er sluppet løs og kræver os. For det i dag, der lød i Nazareths synagoge, det i dag lyder også til os i dag. Et i dag om at Gud er os nær alle steder, hvor vi kigger hen.

Amen

Sct.Catharinæ kirke, 2013

Det uanselige

Luk. 1,46-55

Der er tidspunkter i vores historie, hvor det synes som om, at alt står stille. Hvor det synes som om, at alle holder vejret og at hele verden ændrer sig.

Et sådan tidspunkt er 1521, hvor munken Martin Luther er kaldet til Worms af verdens mægtigste og viseste mænd. På Worms skal han redegøre for sine synspunkter og han skal redegøre for sine teologiske udsagn, og bedst af alt: man håber, at han vil tilbagekalde den forkyndelse, som har lydt fra ham.

Luther møder op på Worms og står foran verdens vise, verdens mægtige og verdens fornemme, og de søger at få ham til at tilbagekalde, og da lyder de ord, som får alt til at stå stille og historien til at ændre retning.

Luther siger, at han hverken kan eller vil tilbagekalde, med mindre, som han siger, at han tilbagevises af argumenter fra den hellige skrift eller af klare fornuftsgrunde. Her øves der mægtige gerninger og hovmodige bliver splittet, som Maria synger om i den lovsang, vi lige har hørt. Mægtige bliver styrtet fra tronen og de ringe bliver ophøjet. Den ydmyge munk står foran den mægtige kejser, og evangeliet vender op og ned på alle ting.

Og blandt de mange, der stod på Worms, var også den unge hertug Christian fra Slesvig. Den unge hertug Christian blev så grebet af Luthers ord og forkyndelse, at han vendte tilbage til Slesvig og gennemførte – som et af de første steder – en luthersk reformation i Haderslev. Slesvig blev evangelisk allerede i 1523. Senere, efter borgerkrigen i Danmark, blev Christian i 1536 til Kong Christian d.3 og gennemførte nu den evangeliske reformation i hele kongeriget.

Der er ingen tvivl om, at Christians evangeliske kristendom var alvorlig ment. Han var et evangelisk troende menneske. I 1559 skal han dø og han ligger i sengen og spørges da, om han vil fastholde sin evangeliske tro. Christian svarer ikke bare med et overvisende JA, han svarer faktisk med det salmevers, vi lige om lidt skal synge, og som er en parafrase over Marias lovsang, som vi netop har hørt:

Guds miskundhed alene,

grundfæstet står i evighed;

sin kårne brud den rene,

fra slægt til slægt han holder ved.

Da Christian skal fastholde og bekende sin kristne tro, griber han – den mægtige konge – til Maria lovsang, som netop handler om, at de mægtige bliver gjort til de ringe, og de ringe bliver ophøjet. Han griber til en bekendelse af Guds ubetingede nåde. Det er hans svar. Det er evangelisk kristendom.

Evangelisk kristendom er den ubetingede nåde, som stiller os alle lige, alle vores forskelligheder til trods. For der er selvfølgelig jordisk forskel på kongen og tiggeren, men overfor Kristi kors har ingen af dem, noget at lade hinanden høre. Her afsløres der lighed. Den lighed, som vi altid prøver at skjule ved at gøre os til andet og mere end hinanden. Og det er netop det, der er korset forargelse: at vi foran den korsfæstede Kristus gøres lige i skyld og synd, og ingen kan stille sig på en bedre position end sin næste. Alle er vi lige overfor Kristus.

Det var denne forkyndelse, som Christian havde hørt på Worms og det var den forkyndelse, som han bar med sig hele vejen frem til sin død: forkyndelsen af Guds ubetingede nåde i Kristus.

Og det var også den forkyndelse, som mødte Maria, da hun blev mødt af ordene om, at hun skulle undfange Guds egen søn. Hvem er hun, at det må ske således for hende? Men således fungerer evangeliet ikke. Evangeliet møder ikke dem, der fortjener sig til det. Det møder enhver, og *gør* os fortjent til det. Vi kan netop ikke positionere os, sådan at vi kan modtage evangeliet ret. Hvis vi kunne det, hvad i alverden skulle Kristus så på korset? Korset er netop udtryk for, at vi ikke kan finde ud af at være ret i forhold til Gud. Korset er udtryk for, at vi ikke kan fortjene os til Guds nåde. Korset er derfor netop udtryk for, at Gud kommer til os ganske uanset, hvilken position vi indtager i livet.

Kong Christian vidste godt, at hans kongelige position ikke gjorde ham anderledes end andre i Guds øjne, og derfor måtte han også til sidst og måske særligt til sidst bekende Guds ubetingede nåde. Og det gjorde han ved at gribe fat i Marias lovsang. Den mægtige konge delte således ord med den ydmyge unge pige fra Galilæa. Og når vi om lidt synger salmen, som en gendigtning af Marias lovsang, deler vi ord med dem. Vi, Maria og kong Christian bliver således lige i vores bekendelse til Gud. En bekendelse om at vi tror, at Guds er nåden alene, og det er vores livs frelse og glæde, for da er vi sat fri fra at skulle positionere os uafbrudt, og kan forvente alt af Gud og leve med hinanden. Det er den sande kristne glæde, som man kun kan bryde ud i lovsang over: at Guds er nåden alene og nåden stiller os alle sammen i en glæde over dette. At vi grundlæggende tror på en Gud, der gør alting nyt – også for dig og for mig.

Det er det nogle kalder for korsets dårskab, fordi vi derved mister vores hævdelse over hinanden, men det er og bliver livets alvor: at vi ender sammen ved korset hvor alle gøres ens i døden, og at vi der alligevel tror på en Gud, der gør alting nyt.

Lad os derfor synge med både Christian og Maria:

Guds miskundhed alene,

grundfæstet står i evighed;

sin kårne brud den rene,

fra slægt til slægt han holder ved.

Amen

Sct. Catharinæ kirke, Mariæ bebudelsesdag 2014

IKKE EN SPURV FALDER TIL JORDEN

Luk.2,1-14

Der er ikke noget, der er så stille og så underfundigt som juleevangeliet. Det begynder med en fremstilling af magt og vilje, nemlig med at Kejser Augustus vil tælle alle sine undersåtter og lader dem valfarte rundt i hele riget for at komme til den by, hvor de var født og havde deres slægt.

Det er altså en mægtig befaling, denne befaling, der udgår fra Augustus, om at alle skal bevæge sig rundt i landet. Hvilket postyr den beskriver! Samtidig taler det også om kejserens magt og vælde: at han har magt til at få alle til at flytte sig og gøre, som han vil.

Således begynder juleevangeliet med, at kejserens magt fremstilles. Og man synes næsten, at det er hele historien og der ikke er andet. Men skjult i kejserens befaling findes noget andet, nemlig Guds vilje. For det er hensigten at Jesus skal fødes i Betlehem, for det har profetien sagt. Alle gik hen for at lade sig indskrive, og ja, for at Jesus kunne fødes i Betlehem. Herved bliver det klart at selv Kejseren i Rom – den mægtigste i verden – bliver redskab for Gud. Kejseren tænkte på sin folketælling og Gud tænkte på sin frelsesplan og den blev kejseren rullet ind i – uden i øvrigt at blive spurgt.

Sådan forkynder juleevangeliet stille og underfundigt, at Gud er verdens herre. Det er ikke kun i stalden i Betlehem, at Guds vilje sker. Den sker også i kejserens palads i Rom.

Men juleevangeliet er underfundigt. Derfor kan vi ikke se, hvem der er verdens herre ved at gå til Kejserens palads, for Kejseren ville bestemt tro, at det var ham. Vi skal gå til stalden i Betlehem. Vi kan ikke gennem kejserens befaling spore og finde Gud, Guds veje er skjulte og fører os underfuldt. Men vi skal – som evangeliet lyder – gå til stalden i Betlehem. Det var også ordene til hyrderne på marken. Der er født jer en frelser, men I finder ham ikke strålende i paladser og svøbt i silkedyne, men liggende på hø og strå i klude svøbt.

Den almægtige skaber i et forsvarsløst spædbarn. Vi ser almagten i afmagt. Og hvorfor nu det?

Fordi Gud møder os ikke som Kejserens befaling, der får os ud på gader og stræder, flakkende rundt på må og få, men Gud møder os som spædbarnet i krybben. Altså ikke som befalende magt, men som kærlighed. Gud gør os ikke til majonetter under en befaling, men til mennesker, der møder kærlighed.

Derfor møder vi ham som barnet i krybben mellem hø og strå. Vi ser ikke, at han råder overalt og heller ikke hvorledes at han råder, heller ikke i kejserens befaling. Vi ser ham liggende i krybben og siden hængende på korset.

Det siges jo at ikke en spurv falder til jorden uden Guds vilje. Det siges jo. Men en spurv kan man tolke som man vil. Spurven falder til jorden, hvad enten vi tyder det på den ene eller den anden måde. Kejserens befaling føres ud i livet, hvad enten vi tyder den på den ene eller den anden måde. Vi kan ikke se på spurvens fald eller på kejserens befaling at Gud er med i det. Det er først når Gud inddrager os i sin egen fortælling, at spurvens fald og kejserens befaling får en anden dimension og dybde.

Således møder vi ofte spørgsmål om, hvorledes vi kan se og finde Gud i verden. Folk kikker på universet indretning og historiens forløb for at finde Gud eller blot spor af Gud. Men som man spørger, får man svar.

Det er først når man står ved barnet i krybben og ser verden derudfra at sporene kan tolkes anderledes. For vi kan ikke lære Gud at kende ved at se på spurven, der falder til jorden eller ved at se på kejserens befaling, men vi lærer Gud at kende ved at se på ham, som er født af jomfru Maria, som er korsfæstet, død og opstanden.

Og hvorfor er det afgørende? Fordi hvis Gud kunne kendes på spurvens fald, så var Gud en Gud for de særligt skarpe og indviede, der kunne tyde verdens spor. Nu er Gud en Gud for alle, da han ligger forsvarsløs og åben som et spædbarn i en krybbe.

Derfor peger englen på stalden i Betlehem og ikke på sig selv. For englen er jo også et ganske stort under, men selv engle må blegne i lyset af barnet fra Betlehem. Engle i himlen bliver blot til vejvisere for hyrderne, der skal ledes ind i stalden julenat for at møde Gud, som spædbarnet i krybben omgivet af Maria og Josef, der vel er lige så forundrede, som alle andre.

Så ja, juleevangeliet er så stille og underfuldt. Det bringer uden store slag og fantastiske ting himlen ned på jorden. Og himlen på jorden bliver altså et spædbarn i en krybbe, der forandrer alt, men ikke forandrer det med magt som Kejseren og den befaling, der udgik fra ham. Barnet i krybben afslører, at kejserens befaling var et led i Guds vilje, og manden på korset afslører, at ikke en spurv falder til jorden, uden at Gud er med i det. Det er det afgørende: Jesus Kristus.

Amen

Sct.Catharinæ kirke, juledag 2012

KONGESØNNENS BRYLLUP

Matt. 22,1-14

Når man hører dagens lignelse, kan tingene hurtigt falde i hak. Måske også lidt for hastigt og lidt for hurtigt.

For vi kan høre den handle om dem, der hører til og de andre, der ikke hører til. Vi hører om kongesønnens bryllup. Vi hører om, hvordan mange indbydes til festen, men undskylder sig, og ikke kommer. De vil egentlig ikke. Og kongen bliver vred og sender sine hære ud. Og det ender så med, at han indbyder "hvem som helst" til festen, og da bliver alle forsamlet – både onde og gode, som der står.

Men en ved festen har ikke den rette dragt på. Han opdages af kongen, der smider ham ud i mørket, hvor der er gråd og tænderskæren, som det så voldsomt lyder hos Matthæus.

Og her kan vi hurtigt og meget hastigt rode os ud i store overvejelser om, hvad der er den rette festdragt og om hvorledes vi erhverver os en sådan. Den kunne jo være troen, der er festdragten, eller det at gøre det rette, der er festdragten. Det kan være den rette opførsel eller lignende, men det er lidt svært helt at finde ud af det, for lignelsen fortalte jo netop, at både onde og gode deltog.

Men mens vi sådan prøver at finde ud af hvad festdragten var og hvordan vi kan erhverve os en sådan, så forsvinder Kristus for vores øjne. Så fortoner Kristus sig, for hvis det handler om vores festdragt og vores evne til at positionere os, hvad skal vi så i grunden med Kristus?

Så lad os lige se på lignelsen engang til, for alt i Skriften er til for at forkynde Kristus som korsfæstet og opstanden, og det betyder også, at han må findes et sted i lignelsen. Noget i lignelsen må ligne Kristus, og det gør det jo ikke hvis alt ligner os. Således skal vi altid læse og høre Skriftens ord: som fortælling om, hvad Kristus har gjort for os, og derfor skal han altid være at finde i alle evangelier og i alle lignelser. Og hvis vi læser lignelsen, som bare handlende om os og at en af os ryger ud, hvor er så Kristus i lignelse? Hvad skal vi så med ham?

Så lad os begynde forfra.

En konge holdt sin søns bryllup, og kaldte de indbudte til bryllup. Hvad nu hvis dette i Matthæus fortælling om Jesus er en hentydning til den gamle pagt? En hentydning til Guds indbydelse til Israel? Der, hvor Israel jo afslog Gud og han hjemsøgte dem med straf og plage? Og det efterfølgende er evangeliets tid, hvor alle – uden undtagelse – hvem som helst, som der står – gode som onde, som der står – indbydes, så bryllupssalen er fuld af gæster. Og alle disse er med til festen – som apostlene – i al deres forskellighed og utilstrækkelighed – alle de gode og onde, som skrevet står - var med til festen skærtorsdag aften. Skærtorsdag aften er netop en afspejling af den store fest i dagens lignelse.

Og skærtorsdag ender også til sidst med, at en smides ud i mørket udenfor, hvor der er gråd og tænderskæren, og hvis vi tænker på Judas her, så gør vi os det igen for let. For da forsvinder Kristus ud af lignelsen igen, og vi sætter skel mellem de gode og de onde, hvilket lignelsen netop ikke gør, den iklæder alle festdragt. Nej, en smides ud, selvom der åbenbart kunne være utallige, da det ifølge lignelsen var alle mulige af en hver type, der deltog i festen. Én smides altså ud – kun én.

Hvis Kristus skal være med i lignelsen – og det skal han, hvis den ikke skal forvandles til fad moralisme - så kan han kun være ham, der smides ud i mørket udenfor, hvor der er gråd og tændeskæren! Og der står oven i købet i lignelsen at ”han tav”. Den, der smides ud, er tavs. Ligesom Kristus selv tav, da han blev slæbt til korset.

Jesus Kristus smides ud i mørket udenfor, hvor der er gråd og tændeskæren! Det er jo netop hele evangeliets pointe. At Jesus hænger på korset smidt ud, for at vi kan være med. Alle de indbudte sidder jo i al deres utilstrækkelighed, men dækkes af kongens festdragt, og en smides ud, for at de andre kan sidde der.

Hvis vi ikke ser dette, så bliver lignelsen forvandlet til en beretning om vores mere eller mindre gode evner. Og vores succes eller mangel på sammen med at iklæde os en festdragt. Pointen er, at vi sidder i festdragten, fordi Jesus Kristus endte i mørket. Han er den, der smides udenfor, så at vi kan sidde ved bordet. Han er den, der ender i det mørke, som korset er. Han er den, der ender i fortabelsen. Det mørke og den fortabelse som vi kalder kors, død og grav.

Hvis han ikke havde gået hele vejen ind i mørke og dødens skygge, ind i mørke og tændeskæren, så kunne vi heller ikke være med ved bordet. Så kunne vi ikke møde ham igen ved nadverens brød og vin. For Gud kalder ham igen i kærlighed, og han møder os igen som kongesønnen, der kalder os for sine.

Så nu er Kristus gået hele vejen. Nu har han ladet sig smide ud for at give os en plads. Derfor ender dagens lignelse, hvis vi hører den ret, i det rene evangelium. Nemlig evangeliet om, at Jesus Kristus tog mørkets plads på korset, for at vi kunne kaldes Guds børn i lyset. Han er kongesønnen og vi er gæster ved hans fest. Det er det gode budskab. Det er livets glæde og trøst. Det er det sande evangelium.

Amen

Sct. Catharinæ kirke, Hjørring 2013

Kristi fortabelse

Luk. 15,11-32

Vi har lige hørt en af de mest kendte lignelser fortalt af Jesus. Det er en lignelse, der umiddelbart er til at forstå, og som rummer en medrivende fortælling om en ung mand, der drager ud i verden for at finde lykken. Han drager ud med sin arv fra sin far og han kaster sig ud i livet. Man må sige at han gør det med omhu, for i verdens øjne lever han et udsvævende liv – endog sammen med skøger, som den ældste broder senere må henlede faderens opmærksomhed på.

Men historien munder ud i, at sønnen går til grunde, ja faderen siger endog at han var død, men er blevet levende igen. Han var fortabt, men er blevet fundet. Historien munder ud i, at han trods alt vender tilbage til sin faders gård. Han vender om.

Og jeg tror vi alle kan genkalde os prædikener, vi har hørt over denne tekst, som handler om, at Gud Fader tager imod den angrende synder. Den angrende som vender om til ham. Der er plads, hører vi, til den angrende hos Gud. Vi har sikkert ofte hørt om sønnen, der kom ud i noget snavs, men bare og alene ved sin erindring om det fædrene hjem, kunne han rette det hele op på ny. Bevar 's, Faderen gør også sit i den tilgivende handling, men det afgørende er skred og den afgørende beslutning at ligge alene i sønnens erindring om faderen og hans omvendelse til faderens hus.

Jeg tror vi alle kan genkalde os prædikener, vi har hørt således om denne tekst. Prædikener, der kredser om vores erindring af Gud og om vores beslutning om at søge Gud, og der ved er alt så gjort.

Eller er det?

Er det ikke et stort problem i denne lignelse, hvis vi læser og hører den således? Er det ikke et stort problem, hvis det er os og vores erindring om vores ophav og om Gud, der er afgørende? At det er vores omvendelse, der gør Faderens tilgivende kærlighed mulig?

Hvis vi hører den således, at hvad bliver der så i grunden af Kristus? Hvad skal vi med Kristus i lignelsen, hvis vi blot er at ligne med den yngste søn, der jo strengt taget klarer det hele uden Kristus og hans frelse?

For hvad skal Kristus i grunden, hvis vi blot er at ligne med den yngste søn, der alene ved at erindre faderen går frelsen i møde? Hvis vi forstår lignelsen således, at det er vores omvendelse fra skidt og fra snavs, ja fra svinene, som der står, der bevirker den tilgivende kærlighed, hvad i alverden skal vi så med Kristus?

Problemet er helt kort, at hvis vi tolker lignelsen, som vi plejer at gøre det, som en beretning om vores omvendelse og om at vi er at ligne med den yngste søn, så behøver vi ikke Jesus Kristus.

Og det tror jeg da godt, vi kan være enige om, er en forkert fortolkning, når lignelsen trods alt er fortalt af Kristus selv.

Så lad os prøve at slippe ud af denne gængse forståelse af lignelsen og prøve at begynde forfra.

Hvem ligner hvad i lignelsen?

Hvad nu hvis den yngste søn slet ikke skal ligne os? Hvad nu hvis den yngste søn skal ligne Kristus selv? Hvad sker der så med lignelsen?

Så bliver det en fortælling om Guds kærlighed – eller om Gud som kærlighed.

For da er Kristus den yngste søn, der drager ud i verden og spiser sammen med toldere og syndere, og farisæerne forarges over hans udsvævende liv. Kristus ender hos svinene og han går til grunde. Kristus går ud i verden med sin arv, for at leve med os, for at spise med os, og han ender på et kors som en gemen forbryder. Men ved sit liv blandt toldere og syndere, ja blandt svinene, som det så ligefremt siges, viser han, at også det fortabte liv er noget værd – trods alt.

Og da går han tilbage til sin Faders gård. Og mødet mellem Faderen og Sønnen viser at Gud er kærlighed. Det er det lignelsen fortæller os.

Så Kristus selv er den yngste søn. Det er ikke os. Vi er til gengæld hans udsvævende venner…

Og hvad så med den ældste søn, kan nogen måske spørge. Ja, det er da ganske ligefremt loven, eller det det vi kalder for den gamle pagt, for som han siger til Faderen: jeg har været hos dig hele tiden og holdt alle dine bud! Han er et billede på det gamle testemente grundet på lov og den yngste er et billede på det nye testamente grundet på kærlighed.

Således forstået handler lignelsen om Kristus hos os. Kristus, der går ud i verden for at spise sammen med toldere og syndere og for at lede efter det fortabte.

Han leder så meget og leder så dybt, at han selv fortabes. Han bliver som dem, han leder efter og lever hos, og han går tilbage til Faderen, og da bliver de som ham. Som vi om lidt skal synge: nu er jeg din og du er min, min bolig skal og være din!

Således kan lignelsen læses på to måder: enten som et billede på os og vores omvendelse, og da bliver det til en fortællingen om, at vi kan undvære Kristus. Eller den bliver til en fortælling om, at Kristus går til os og bliver som en af os og vi som ham. Den første fortælling er hedenskab. Den anden er kristendom.

Således er lignelsen en fortælling om Guds kærlighed til det fortabte. Den kærlighed, der gik ud i verden og blev som verden. Den kærlighed som døde, men som blev levende igen. Som var fortabt, men blev fundet. Dette var jo ordene fra Faderen, da sønnen vendte såret hjem, og vi skulle da være nogle skarn, hvis vi her ikke fulgte Faderens ord, og slagtede fedekalven og festede på det.

Amen

Mellerup Valgmenighedskirke,

Studenterkredsens sommermøde 2012

AF KÆRLIGHED VIL MIN FRELSER DØ

Matt.27,31-56

Al lidelse er tung. Al lidelse, hvad art den nu end har, er tung. Den sværeste lidelse er dog den at skulle lide alene. At lide i ensomhed. Det er at sidde med sine sår både i det indre og i det ydre, og da ikke at have nogen at dele det med. At lide i ensomhed.

Derfor er der nogle ord i dagens store evangelium om Jesu korsfæstelse, der gør så usigeligt stort indtryk på mig, og det er ordene, at nogle af dem, der gik forbi Jesu kors rystede på hovedet.

Der står at de gik forbi, mens de spottede ham og råbte "frels dig selv", og der siges så, at de ryster på hovedet. Hvilken hån. Her dør Guds søn under store lidelser, grundvoldene vakler, verden vender, og da kan folk ikke finde på andet end at ryste på hovedet. Hvor banalt kan det være? Hvor frygteligt kan det være?

At ryste på hovedet af andres lidelse.

Derfor må ordene også falde fra Jesus om, at min Gud, min Gud, hvorfor har du forladt mig?

Men det store er, at Jesus ikke opgiver. Han slipper ikke lidelsen, men fastholder den. Han fastholder den, for der er noget andet og mere i den end blot det, at lidelsen og døden finder sted. Der er et andet perspektiv.

Jeg har her i foråret læst en beretning fra tyskernes belejring af Stalingrad i 1942-43. Det er tunge beretninger om unge mænd, der savner deres hjem og familie, og som lider ganske uudsigeligt i den sibiriske kulde og voldsomme krig. Jeg har her læst om en feltpræsts beretninger. Han sidder en ved såret soldat ved den indesluttede hær ved Stalingrad, og situationen bliver mere og mere desperat. Soldaten er i stor lidelse både på grund af sine sår, men også på grund af sit savn og sin angst.

Feltpræsten ved ikke andet end at bede soldaten om at fortælle om det derhjemme i Tyskland. Han skal fortælle om sit hjem. Og den sårede fortæller da om sin fars hus i en gade i Köln. Og han fortæller om sin sidste orlov, da han var hjemme hos sin far og de talte sammen længe og godt. Og så kom luftalarmen, da de engelske fly kom ind over byen. Men soldaten og hans far besluttede ikke at gå i kælderen og derved i beskyttelsesrummet, men bliver i huset på trods for at tale og tale ud. Og de talte, sagde han, mens de hele tiden ventede på, at himlen skulle åbne sig og jorden skulle brænde op. Soldaten og hans far talte sammen i kærlighed, mens verden stadig ventede på at skulle gå under. Men heldigvis drev det hele nu over.

Det fortæller den sårede soldat til feltpræsten midt i lidelserne i Stalingrad. Og hans fortælling fastholder en mening midt i lidelsen. For der er mere end det. Der er også en erindring om en gade i Köln, hvor han hører til og hvor hans far nu sidder sikkert med kærlig erindring om den samtale, han har ført med sin søn.

Der er mere end lidelse. Der er mere end rysten på hovedet.

Når vi år efter år på langfredag hører om Jesu lidelser og hans korsfæstelse er det jo ikke fordi vi blot skal høre om lidelsen, for det giver jo ingen mening. Så er det fordi, at der i beretningen er noget andet og mere, der giver mening.

Og det er den kærlighedssamtale, som Jesus har med sin fader, som netop giver mening midt i det meningsløse, hvor folk ryster på hovedet af det hele.

For Jesu kors og lidelse er ikke bare kors og lidelse. Det er også udtryk for den kærlighed, der er mellem himmel og jord. Den kærlighed, der er, for ellers ville Jesus ikke have gennemført det.

Onsdag aften var vi en flok her fra sognet, der drog til Aalborg for at høre Bachs Matthæuspassion. Det var en både storslået og intens oplevelse. Men omdrejningspunktet for værket var de mægtige ord: af kærlighed vil min frelser dø.

Af kærlighed vil min frelser dø

Derfor kan vi høre beretningen igen og igen. For hvem kan holde inde med at høre om den fuldkomne kærlighed?

Og derfor er lidelsen langfredag og i et mindre perspektiv den lidelse vi kan møde i vores hverdag, ikke en evig lidelse, for evig er kun kærlighed.

Langfredag er voldsom og dyster, men der er en kærlighed bag, som der også var for den sårede soldat i Stalingrad.

Langfredag er til at holde ud, fordi der kommer en dag efter i dag. Langfredag er til at holde nu, fordi vi gennem korset alligevel tror på en Gud, der gør alting nyt

Amen

Tversted kirke, langfredag 2011

Opstandelse

Matt. 28,1-8

Påskemorgen begynder med en skuffelse. Den begynder med, at nogle kvinder kommer til en grav for at besøge en afdød. De gør den kærlige gerning, som det er at besøge en afdøds grav. Og det er ikke bare en tilfældig afdød, de besøger. De besøger ham, som alt deres håb og alle deres drømme, var rettet imod, men det er endt tragisk og urimeligt på et kors i fredags, og nu kommer de ud til grave for at tilse liget efter deres skikke og for at tage ordentlig afsked.

Og da vælter deres verden. Den verden de kender og den verden, de tror de kender, væltes af torden og lynild. Deres verden vendes op og ned og derved sprænges ikke alene graven, men også deres liv, der får ny mening og retning.

De havde gået i deres knugende sorg og da får deres liv en helt ny åbning og et helt nyt lys.

Kvindernes sorg, der har været ligeså tung som den sten, der lå væltet foran gravens åbning, væltes nu omkuld. Vi kender alle til knugende sorg eller uro, der ikke kan eller vil slippe os. Livet føles tungt. Livet er tungt. Og stenen i vores liv kan ikke væltes fra. Således har kvinderne haft det på vej til graven. Og foran graven lå en sten ligeså tung, der spærrede for livet. Og de havde overhovedet ingen tro på, at det kunne være anderledes.

Da stiger en engel ned. Og den vælter stenen fra og ikke alene det: den sætter sig også på stenen. På den tunge tyngende knugende sten sætter englen sig. Den overvinder de tyngende bekymringer og den knugende uro. Den sætter sig på stenen i en overvindende og besejrende bevægelse.

Derved beskriver påskemorgen to bevægelser: at Gud sprænger graven og alt hvad den rummer, og samtidig at Kristi udgang af graven, er kvindernes udgang af sorgen.

For Kristi opstandelse påskemorgen er ikke blot en ydre begivenhed. Det er en begivenhed, der medinddrager vores liv. For alle kan vi have det som kvinderne påskemorgen. Alle kan vi holdes fast af sorg, uro og håbløshed, men påskemorgen er tilsagnet om, at denne tyngende sten, vi alle kan have i livet, kan væltes fra. Det, man tror, er umuligt, kan ske. Kan ske på trods af hvad man forventer og tror i sit mørke.

For kvinderne på vej til graven, var jo netop på vej til graven. De var på vej til det sted, hvor deres håb lå spærret inden og livet var dødt. Graven var helt bogstaveligt et udtryk for lammelse og forstening. De havde ingen tro på, at det kunne være anderledes. Men stenen blev væltet fra.

Derfor rummer påskemorgen også et tydeligt udsagn til os: det udsagn, at selvom vi som kvinderne kan opleve, at vores liv er uden håb og uden rum, og synes spærret inde bag en mægtigt sten, så kan stenen på trods af os, væltes fra og en engel kan sætte sig på den fuld af sejr og glæde. Stenen i vores liv kan overvindes.

Det afgørende er blot, at vi ikke tror, at vi selv skal vælte stenen fra. Det ville være vildt og endog uovervindeligt. Hvis man dybt knuget eller deprimeret får at vide, at man selv skal flytte sig, og at man selv skal flytte den tyngende sten i dit liv, så vil det ofte være en umenneskelig opgave. Det var det for kvinderne og det er det for os. Men derfor skal stenen jo også flyttes af Gud.

Gravens sten flyttes på ingen måder af kvindernes tro, men af Guds magt.

Det er ganske simpelt hele påskens håb: at stenen i vores liv ikke skal flyttes af os, men af Gud. Håbet om at fornyelsen og lettelsen ikke fæster ende i os, men i Gud. Kvinderne gik nemlig ikke til graven for at forny livet, men for at tilse døden. Fornyelsen kom ikke fra deres knugede hjerter, men fra Gud. Det er ganske simpelt hele håbets egentlige grund: at det er Gud, der fornyer – måske endog på trods af os. Hvis vi tror, at det er vores tro, der skal få stenen væltet fra, så bliver den liggende. Vi kan ikke lave døden om. Det kan kun Gud. Og alt hvad vi gør af smukke sting og righoldig kærlighed, det ender blot bag en lukket grav. Men Gud gør alting nyt.

Påskens livgivende udsagn er, at Gud gør alting nyt. Gud kan give livet ny mening og retning også hvor vi slet ikke kan se. Kvinderne skynder sig bort fra graven med frygt og en stor glæde for at fortælle hans disciple det. For at fortælle den glædelige nyhed, som vi kalder for evangelium, at Gud fornyer vores liv. For glæden er dobbelt: dels at fornyelsen er mulig – håbet er der – endog på trods af alt. Dels at det er Gud, der er fornyelsens kilde. Således at vi ikke skal vælte stenen fra ved egen kraft, men kan håbe på Gud. Det er ganske simpelt glæden. Lad os holde påske på det: at Gud kan gøre alting nyt og kan gøre det nyt også for os. At Gud vælter stenen fra alle vores grave både her i livet og i døden.

Amen

Sct. Catharinæ kirke, Påskedag 2014

VERDENSDOMMEN

Matt.25,31-46

Det er påsketid, og vi har netop i den forgangne tid hørt den på alle måde dramatiske påskeberetning igen. Vi har hørt om skærtorsdag og forræderiet, der fulgte, og vi har hørt om langfredags pine, og dernæst kvindernes sorg, da de kommer til graven påskemorgen, og om den tomme grav og den levende forkyndelse af, at Kristus er opstanden – Kristus er sandelig opstanden. Evangeliet i sin kerne.

Og her til aften i Strandby kirke har jeg så valgt ikke at prædike over en påskeberetning, men over en af de andre evangeliefortællinger. Det har gjort, for at vise, at der kan findes påskeberetninger alle steder i evangelierne.

Jeg har valgt den dramatiske afslutningstekst til kirkeåret. Teksten hvor Jesus taler om at skille fårene fra bukkene, og taler om at nogen går den ene vej og andre den anden vej. Nogen dømmes til frelse og andre til fortabelse. Kort sagt talen om de to udgange, som det populært kaldes.

De er klart, at denne tale gennem tiden har vakt på forargelse og forskrækkelse. Og mange har forsøgt at komme om ved teksten og ved dette evangelium ved at benægte at der skulle være to udgange.

Men vores opgave kan aldrig være at fornægte eller fordreje bibelordet, men at læse skriften og lade os læse af den.

Vi vil derfor i aften tage teksten på ordet og gå ind i den. Og den taler umisforståeligt om to udgange. Dem til den højre side går mod frelsen og dem til venstre mod fortabelse. Derom er der ingen tvivl. Således taler teksten og således lytter vi til den.

Forudsætningen for at gå den rette vej er, at man har handlet godt mod dem, der lider ondt. Man har givet den tørstende et bæger at drikke, den lidende har man givet lindring og den syge nyt mod. Man har kort sagt gjort det gode mod den, der lider ondt.

De fortabte er derimod dem, der har glemt den lidende. Det er dem, der har gået forbi den, der tørster og forbi den, der havde behov for hjælp. For som ordene lyder: "alt, hvad I ikke har gjort mod en af disse mindste, det har I heller ikke gjort mod mig".

"Alt", står der. Det betyder, at alt regnes med.

Det betyder, at hvis vi blot én gang har gået en lidende forbi, så er vi fordømte.

Og hvem har ikke det?

Hvis vi skal tage bibelteksten alvorligt og på ordet, og det mener jeg virkeligt at vi både bør og skal, så går den, der ikke har gjort alt, fortabt.

Og hvem har dog gjort alt?

Hvem har husket enhver på sin vej? Hvem har besøgt alle syge, hvem har givet alle lidende noget godt?

Den, der siger at man har gjort alt, plejer vi at kalde en hykler, for vi ved godt, at vores liv både er flosset i kanten og ikke altid lige smukt at se på, selvom vi gør, hvad vi kan, så svigter vi – i det mindste til tider. Men du skal gøre "alt" …

Vi skal tage bibelens ord alvorligt, og når vi gør det, åbner der sig i denne tekst en afgrund for os. En afgrund af fortabelse, som hver og en af os går ind af.

Som teksten står, må vi gå fortabt. Og teksten rokker vi ikke ved. Ingen har noget at lade den anden høre. Hver og en går fortabt, hvis teksten er sand, og det tror vi den er.

Men det jo ikke evangelium …

For evangeliet lyder, at midt i din fortabelse står vor Herre Jesus Kristus og tager din fortabelse på sig. Kristus gik op på korset og ind i den fortabelse, der er din og min, fordi vi netop ikke giver den lidende det, der er påkrævet.

Midt i din fortabelse står Kristus og tager din fortabelse på sig.

Det er det sande evangelium, hvor skriften ikke rokkes, men står til troende. Hvor de to udgange er der, men hvor vi suser hen imod den udgang, hvor de fortabte er. Vi har ikke noget at lade hinanden høre, og den, der siger andet, kender ikke livet.

Jesus Kristus står midt i din fortabelse og tager den på sig, og din fortabelse er en fortabelse, der ligner hans, og din opstandelse er en opstandelse, som ligner hans. For som Kristus i korset binder sig til dig i fortabelsen, således binder han sig til dig i opstandelsen.

Så hvis vi tager biblen og aftens evangelium på ordet, og det synes jeg bestemt vi skal, så peger den på, at hvis vi tager vores liv alvorligt, så har vi uendelig behov for Jesus Kristus.

Således spejler evangeliet til i aften sig i påskens begivenheder: Jesus hænger forrådt og forladt på korset. Han hænger i fortabelsen, men han sprænger graven på trods af os og vores mangel på tro og vilje. Jesus Kristus hænger i den fortabelse, der er din og sprænger den indefra. Evangeliet til i aften illustrerer hvor meget vi trænger til en frelser, og det evangelium skal man omgås med varsomhed, for det bringer forskrækkelse til mennesker, hvis man bruger det til at true med. Men hvis man hører det ret, taler det smukt om en frelser, der står midt i det mørke, som vi alle havner i, og som kalder din fortabelse for sin, og sin opstandelse for din.

Det er det sande evangelium. Og det er baggrunden for den glædelige påske:

At han kalder din fortabelse for sin, og sin opstandelse for din

Amen

Strandby kirke aftengudstjeneste 2014

III

HELLIGÅND

Johs. 14,22-31

Beretningen vi hørte fra alteret om den første pinsedag er forrygende. Alene måden den er fortalt på, er voldsom og bevægende. Apostlene er samlet og pludselig fylder en lyd rummet og tunger som af ild viser sig for dem og alt forandres. Vi fornemmer tydeligt en voldsomhed og en bevægethed. Vi fornemmer måske endog at der tilføres noget nyt ved Åndens komme til jord.

I kontrast hertil så virker Johannesevangeliet, som vi lige har hørt, lidt sagtmodigt. En stille tale fra Jesus om at holde fast ved hans ord og elske ham. Det er kernen, og så ordene om Helligånden – talsmanden – der skal minde dem om hans ord.

For Helligånden har altid været en besværlig størrelse at forstå - på trods af at det egentlig er ganske ligefremt. For Ånd betyder at vi forstår noget. Når man taler sammen, og ikke taler sammen i den samme ånd, så kan vi – lidt uhøfligt – finde på at sige: hvor er du åndssvag!

– altså svag i ånden. Når man ikke forstår nogen eller noget, så siger vi at man er åndssvag.

Og for at forstå Gud, så skal vi have ånd. Vi må ikke være åndssvage for Gud. Vi må ikke være svage i Ånden for Gud. For at forstå Gud, skal vi have den rette ånd. Den Hellige Ånd.

Og Helligånden kommer til pinse. Men spørgsmålet er så, hvad den kommer med. Kommer den med noget nyt i forhold til Jesus?

Hvis man vil hævde at Helligånden kommer med noget helt nyt, som man gør i sværmeriske kredse, hvor det at modtage Helligånden er en ny åbenbaring, så har man ikke forstået Det nye Testamente særligt godt, for Jesus siger jo om Ånden: "han vil lære jer alt og minde jer om alt, hvad jeg har sagt jer". Helligånden kommer altså ikke med noget nyt i forhold til Jesus; den gør Jesu ord nye og friske.

Beretningen om Jesus forgik jo for snart 2000 år siden. Det er historie. Begivenhederne til jul og til påske er historiske beretninger, om noget der skete en gang tilbage i historien; men pinsen er ordet om at den beretning også har betydning i dag. Helligånden skal, som vi synger, kalde, forsamle og Jesus forklare. Helligånden er troen på at det Jesus gjorde på kors og i grav, i sin død og opstandelse, er gjort for mig. At disse begivenheder ikke bare er fortidige hændelser, men at de har nutidig betydning. Betydning for os i dag. Hvis man tror det, virker Helligånden i os.

Så Helligånden tilføjer altså ikke noget nyt i forhold til Jesus; den gør Jesu ord nye.

Helligånden gør, at vi ikke er åndssvage i forhold til Gud.

For det afgørende er, hvad der sker på kors og i grav. Det er det, som Helligånden skal holde os fast på. At det, der sker på kors og i grav, har betydning for os i dag.

Og den betydning har været det, som alle de tekster vi har hørt fra påske til i dag har drejet sig om. Nu går Jesus til Faderen, og nu tilføjes det intet nyt, for alt er sagt og alt er gjort. Nu lægges alt i vore hænder, og her må vi ikke forfærdes. Her skal vi være fyldte med frimodighed og gå ud i verden.

Og det er jo præcis de ord, som dagens evangelium ender med: Rejs jer, lad os gå herfra! For Helligånden er ikke en indre, spirituel oplevelse, men er en sendelse til verden. Helligånden er ikke en indelukkethed bag lukkede døre; men er åbenhed for verden og for hinanden; en frimodighed til livet i verden, som det er givet af Gud.

Så med troen på at begivenhederne på kors og i grav er gjort for os, skal vi gå ud i verden med glæde og frimodighed i den samme ånd, og turde møde hinanden, som vi er mødt af Gud: med kærlighed.

Det er de klare ord fra Jesus: rejs jer og gå herfra, og hvis vi forfærdes og frygter, så skal vi mindes om Jesu gerning for os; at han har gjort alt, der skal til, og derved givet os en åbenhed for verden, som ikke kendes magen til.

Glædelig Pinse!

Amen

Tversted kirke, Pinsedag 2011

DET POLITISKE

Luk.12,13-21

Til tider kan man høre, at kirken skal have en politisk stemme. Altså ikke kun forkynde evangeliet om syndernes forladelse og den deri skænkede frimodighed, men også have en politisk holdning til tingene og verdens gang.

Men spørgsmålet er jo, om man kan drive politik på korset? Altså drive politik på at alt går til grunde og alle ender med at få uret overfor både Gud og hinanden. Måske kræver det at kunne drive religiøs politik en form for lovgivning i det religiøse. Og en sådan lovgivning ejer kristendommen ikke.

Så det er ikke fordi kirken er mundlam vedrørende politiske forhold; men fordi politik ikke kan afgøres ud fra Jesu kors. I det politiske er vi sat fri til at afgøre os på eget ansvar – at dele os efter anskuelse. Det er kristendom.

For når man høre stykket til i dag fra Lukasevangeliet, så kan man ikke undgå at tænke på alle de forsøg, der er på at lade kirken være den, der skal opbygge samfundet på en retfærdig måde. For hvad handler evangeliet til i dag om? Det handler om et forsøg på at få Jesus til at give anvisninger på en retfærdig samfundsordning. Evangeliet til i dag handler netop om, at man vil have Jesus til at give anvisninger på politik. For der er sket det, at en mand ikke kan få opfyldt sin soleklare ret til, at hans broder skal dele den fædrene arv med ham: han vil ikke skifte arven med ham.

Men hvad gør Jesus? Blander han sig i politiske og juridiske forhold? Nej, han afviser sagen. Han vil slet ikke have noget med den at gøre.

I stedet fortæller han en lignelse om en rig bonde, der havde så meget afgrøde og deraf følgende høst, at han måtte bygge større lader. Han har udført et arbejde og kan velfortjent glæde sig over sit udkomme. Men så siger Jesus, at midt i den samme nat skal bonden dø, og hvad har han fået ud af det hele? Midt i sin iver for at få en god samfundsøkonomi er han gået glip af livet.

De to mænd som Jesus tager afstand fra, er begge mænd, der forstår, hvad det kommer an på. Hvis blot alle var som dem, så var vi godt på vej. Der bliver her fremstillet to mænd, der er som de skal være for at leve godt i et samfund, og overfor dem tager Jesus afstand og siger at de er gået glip af livet!

Det betyder ikke, at Jesus underkender gode evner og god indsats. Men det betyder, at alt det Jesus taler om – det Guds rige han forkynder – ikke er af denne verden. Jesus blev ikke menneske for at fortælle og forklare os, hvorledes vi skal indrette samfundet eller give politiske anvisninger på hvad vi skal stemme. Det skal vi selv efter bedste evne og ansvar hitte ud af. I samfundslivet må vi beskytte den svage og indrette samfundet bedst muligt, men Jesus selv giver ingen anvisninger på samfundet eller på politik. Han giver tro på Gud; men samfundet er vores opgave. Det er vores opgave et indrette et samfund, der netop er en menneskelig ordning, der ikke står i vejen for troen på frelsen ved Jesus Kristus. Det politiske er derved sat fri fra tvang og religion. Dette skel holder kristendommen på plads. Hvor kristendommen tvinges bort, her finder ideologi og fantasi vej ind i politik og gør politikken absolut. Gør politikken religiøs, så den ikke kan se andres synspunkter.

For problemet med bonden i lignelsen var ikke, at han tjente godt. Det var ham vel undt. Problemet var at han gjorde det til det eneste. Men det var kun timelige ting. Livets frelse var et andet sted. Vores menneskeliv og politiske ordninger indeholder ingen frelse; men kun beskyttelse af den svage, hvilket vel også er alt rigeligt. Frelsen er hos Gud, og derfor har Jesus aldrig givet anvisninger på samfundsordninger, som vi for eksempel finder dem i islam.

Vi skal ikke ophæve samfundet for at oprette Guds rige. Det lader sig simpelthen ikke gøre af os. Frelsen er overladt til Gud. Vores opgave er at leve i samfundet og, gennem troen på Gud, tømme samfundet for absolutte holdninger og hule frelsesordninger. I livet med hinanden skal vi bestræbe os på at vi leve så retfærdigt som muligt; men frelsen finder vi ikke der. Frelsen finder vi hos Jesus Kristus. Hos ham finder vi livet, der rækker ud over døden og fører til det evige liv. For ligegyldigt hvad vi udfører i livet af store ting, så er de kun som markens blomster, der visner og går ud, og når vi dør, hjælper de os ikke meget.

Så hvis vi vil finde livet – det sande liv, der fører til Gud, så må vi gå til Jesus. Kun hos ham er der frelse. Det sker ikke ved vore egne anstrengelser og gode forsæt; men det sker ved at overlade hele vor tilværelse til ham – til hans omsorg. Så gå frimodigt ud i verden og gør hvad du skal, og gør det i den tanke, at du i kristentroen ikke skal frelse verden, for den er frelst, og du er sat fri til at være uden trosforskrifter eller lignende. For frelsen er ikke i det politiske, men i Jesus Kristus og det er vores frihed og trøst.

Amen

Sørig kirke 2010

FORSKELLIGHED OG TID

Johs. 17,20-26

Man kan ofte blive slået af, at mange tilsyneladende mener, at de lever i de bedste og klogeste tider, som verden har kendt og set. Mange af os har en forestilling om, at menneskene før i tiden var meget mere ens og levede på samme måde og efter samme indsigter. Og at i vore dage er det helt anderledes. Her er vi individualister, der lever hvert vores forskellige liv.

Men spørgsmålet er, om det virkelig er sandt?

Hvis man ser på tiden før os, så var der jo store forskelle mellem klasserne i samfundet. Hvis man tilhørte det ene lag, så hørte man i hvert ikke til det andet. Og er vi i vore dage virkelige så forskelle? Lever vi ikke i en tid, hvor vi i virkeligheden er ens? Så ens, så ens som vi aldrig har været før.

Vi drikker de samme sodavand, taler i de samme telefoner, hører den samme musik og ser de samme tv-serier – og det er ganske underordnet, om vi bor på den ene eller anden side af kloden. Taler vi så meget om at være individer, fordi vi faktiske ikke er det? Vi er en masse. Der kan sælges de samme ens varer til os om vi bor i Europa, USA eller Kina.

Jeg hørte engang en sociolog sige, at på et plan bliver vi mere og mere og forskelle, men på et højere plan bliver vi mere og mere ens i vores måde at blive forskellige på. Forskelligheden strækker sig næsten kun til hvilket mobiltelefonmærke, man bruger.

Så spørgsmålet er jo, om vi ikke lever i en tid, hvor vi aldrig har været mere ens. Vi går i det samme tøj, har de samme meninger og holdninger.

Og at være ens er ikke nødvendigvis af det gode. Prøv at se på til mennesker, der elsker hinanden. Behøver de at være ens, for at kærligheden kan trives? Hvis man er ens, er der jo ikke noget at elske, men kun noget at spejle sig i. Men kærligheden er ikke et spejlkabinet, hvor man spejler sig til døde. Kærligheden dør af at ville være ens. Hvor mange ægteskaber kender vi ikke til, som er forlist, fordi den ene vil få den anden til at ligne sig? Kærligheden er jo netop en overvindelse af forskelligheden ved at fastholde den. At på trods af forskellighed, har man kærlighed.

Kærligheden slår bro over forskelligheden.

Og er det ikke netop det, der ligger i Jesu ord i dagens evangelium, hvor Jesus siger i bøn, at faderen har elsket dem, som han har elsket Jesus? Og at vi derved skal blive et? For Jesus beder ikke om, at vi skal blive ens. Han beder om at vi skal blive et, og det er noget helt andet.

For Gud og mennesker er forskellige. Gud og mennesker er ikke ens. Når mennesker tror sig lige med Gud, så plejer ulykkerne at regne ned. Så Gud og mennesker er forskellige. Men Gud kommer til os og han kommer med kærlighed. Med den kærlighed, der slår bro over dybet og over skellet mellem os og Gud. En gyngende bro.

Og derfor lyder Jesus ord om, at de skal blive et, ligesom Faderen og han er et. Ikke ens, men et, for der er ikke tale om tvang, hvor alle gøres ens. Der er tale om kærlighed, hvor man gøres til et, som det også hedder i vielsesritualet: at blive et. Eller som det også lyder i dagens evangelium: ”for at den kærlighed, du har elsket mig med, skal være i dem og jeg i dem”. Et – ikke ens, for der er tale om kærlighed.

Så vi bliver ikke som Gud. Vi bliver ikke ens med Gud. Men vi bliver et som mennesker. Og derfor handler kristentro om, at vi bliver mennesker. Mennesker med alle vores stærke og svage sider, men mennesker, der forpligtet på hinanden, fordi vi er et i Jesus Kristus.

Og hvad betyder så det: at være et i Jesus Kristus? Meget kort betyder det, at vi ikke har noget at lade hinanden høre. Vi er alle skyldige overfor Gud og overfor hinanden. Henvist til Gud. Henvist til hinanden, uden undskyldning og uden mulighed for at undslå os. Det er at være et i Gud. At Gud er Gud for os og at vi er mennesker for hinanden.

Amen

Sct. Catharinæ kirke, 2014

Troens erfaring

Matt. 5,1-12

Vores liv består af erfaringer og hændelser. Vi gør os erfaringer med livet, når det hænder os. En ligefrem og måske en lidt kynisk erfaring af livet vil sige, at livet er udskudt død. At livet er en vej mod døden og tilintetgørelse, og livet derfor kun leves på dødens vilkår. Hele tiden går vi med døden som følgesvend og ved, at til sidst vil døden kaste sine lange skygger ind i livet, og livet vil blive taberen. Den erfaring gør vi os alle. Erfaringen af at miste og tabe det, som man har fået skænket i livet.

Men vi gør os jo også andre erfaringer i livet end erfaringer af tab. Vi gør os også erfaringer af at få skænket. Vi gør os erfaringer af kærlighed og storhed. Vi gør os erfaringer af at livet er større end døden og tilintetgørelsen. Det er tider og måske øjeblikke, hvor livet hæver sig over døden og vi gør os erfaringer af … ja, lad os blot sige: gør os erfaringer af det himmelske. Men på trods af disse store erfaringer af glæde, kærlighed og samhørighed, så møder vi alligevel døden til sidst. Det er som om, at det er den endegyldige erfaring i livet. Det er som om, at livet er en erfaring af, at vi skal miste og at livet derved – i sidste ende – kun er et liv til døden.

Det kan man vælge at tro. Men vi kan også vælge at tro, at de erfaringer vi gør os med livet, og hvor livet åbner sig og synes større end både døden og mørket, er glimt af livets sandhed. Man kan vælge at tro, at livet er et dødens liv, for det svarer til vores umiddelbare erfaring; men vi kan også tro mod tro, som det kaldes. Vi kan mod erfaringen af livet, der leves til døden, stille tro på at livet ikke leves til døden; men tro på, at der er noget mere end det.

Tro overfor erfaring. Livet overfor Døden, Gud overfor mennesket. For det er jo, hvad det handler om. Det handler om, om vi tror, at vi er efterladt i livet, som er et liv til døden, eller om vi tror, at der er omsorg for os i livet, at vi lever livet i Guds hånd, og deri også vil leve det gennem døden, således at døden ikke er vores sidste erfaring, og at døden har det sidste ord. At det sidste ord tilhører Gud, og derved at døden i det spil må blive den lille.

Tro overfor erfaring. Tro på livet på trods af erfaring af døden. Tro på at de glimt af nåde og kærlighed vi møder i livet, er glimt af, at døden ikke har det sidste ord. Tro overfor erfaring. Det er det afgørende, at vi tror, at ikke vi, men Gud, er det afgørende i livet. Hvis *vi* var det afgørende, kunne vi kun gøre os erfaring af tab og tilintetgørelse. Hvis Gud er det afgørende, kan vi tro på livet også i døden. Og denne tro på Guds nåde og magt også i den død, som vi skal lide, den skal vi give sprog. Vi lider i vor tid af en utrolig sproglig armod overfor døden. Vi kender kun døden i erfaringen og det gør os sprogtomme, for døden er tom. Men i troen på at Gud i Jesus Kristus er i døden, og sammen med os lider døden, kan vi give døden sprog; nemlig det sprog der taler om en kærlig Gud, der levede og døde for os, og som tog os under sine vinger.

I troen kan vi give døden sprog; et sprog, der på trods af kulde og mørke kan fyldes med varme og lys, fordi det er talt ud af Jesus Kristus. De to ting står tilbage: enten i erfaringen af døden at gøres tavs og mørk, og at lade døden få magten over livet; eller i troen på Gud, at tale om livet på trods af døden, og derved lade livet få magte over døden. Altså enten at sætte sit lys under en skæppe og lade mørket råde eller at sætte det i en stage og skabe lys over livet.

Som vi sang til indledning: "han lover mig en evig vår/trods vinter storm og død,/thi livet frem af graven går/som Kristus gennembrød"

Det er de ord vi skal tro. At døden er brudt ved Kristus. At nok skal vi døden lide, som vi synger i den gamle børnesang; men døden er ikke det hele. Det hele er Kristus, som skaber lys i mørket, som skaber liv i døden. JA, for salige er de fattige, som det lyder i dagens evangelium. Salige er de ubeskyttede, for de er under Guds nåde. Salige er de som tror, for de skal se Guds rige.

Amen

Sct. Catharinæ kirke, Allehelgensdag 2013

DEN KRISTNE ETIK

Luk.16,1-9

For tiden føres – på ny – en debat i landets aviser om der findes en kristen etik. Altså om der findes en særlig kristen etik, der forskriver hvad den kristne skal gøre i særlige situationer og i særlige øjeblikke.

Fortalerne for den særlige kristne etik mener at finde udsagn i bibelen, der kan bruges næsten som en slags facitliste for det kristne liv, og derved fastslå en uforandret etik til alle tider. En etik, der drejer sig om ægteskab, samliv og så videre.

Andre mener, at der ikke findes en kristen etik. At man ikke kan udlede en særlig kristen etik, der forskriver særlige handlinger og livsformer, men at kristen etik altid er en etik i øjeblikket, som afgøres af den enkeltes eget ansvar.

Tænk på lignelsen om den barmhjertige samaritaner, hvor Jesus får stillet spørgsmålet om hvem næsten er, og han blot fortæller en historie om omsorg, og da siger: gå du ud og gør ligeså! Altså: find selv ud af. Du skal elske næsten, men find selv ud af hvordan.

Eller tænk på lignelsen til i dag om den uærlige godsforvalter. Hans handling er ikke særligt forbilledlig. Han nedskriver sin Herres skyldneres gæld og han handler, som også Herren selv siger det, uærligt.

Men alligevel står der, at Herren roste den uærlige forvalter. Spørgsmålet er hvad han roses for? Han roses for at handler ret i situationen! Det er klart at den uærlige forvalters handlinger ikke kan løftes op til at blive en almen lov. Så ville alt gå itu og ødelægges. Det ville man ikke kunne bygge et samfund på, hvor næsten skulle beskyttes.

Men i øjeblikket var det den rette handling.

I det rette øjeblik tog han ansvar og det er det han roses for. Man kan ikke sige at forvalteren beskriver en etik, for den er ikke til at leve efter. Men han tog et ansvar for sit liv, og i det ansvar rummede han næsten.

Derfor roses han.

Så hvis man ønsker at være fortaler for en særlig kristen etik, der er næsten uforandret til alle tider, så får man et problem med dagens lignelse. Så skal man gøre den uærlige forvalters handling til forbillede for den kristne, og det er på alle måder uholdbart.

Han er kun forbillede ved at han tager ansvaret for sit og næstens liv, og det er den kristne etik: ikke særlige forskrifter og et særligt kristent liv. Men netop det at man i øjeblikket tager ansvar for næstens liv – på eget ansvar.

Derfor kan den kristne ikke sige, at man har visse regler, som man er nødt til at følge. Eller at man ikke kan gøre særlige ting, fordi man ikke har mandat til det. Det er ikke kristentro at sige dette. Det er farisæisme. Det kristne kan ikke skjule sig bag evigtgyldige leveregler. Den kristne er sat i verden til på eget ansvar at afgøre hvad der er det rette i den bestemte situation.

Og fordi vi lever i tiden og verden flytter sig, så kan handlinger og leveformer ændres, men det eneste, der står fast er ordene: du skal elske din næste som dig selv. Og hvis vi så spørger, hvordan skal vi det? så lyder det fra Jesus: det skal du selv finde ud af!

Fordi faste regler kan netop gøre det modsatte. Det, der engang var næstekærlighed, for eksempel undladelse af vielse af fraskilte, fordi det var en beskyttelse af den svage part: kvinden. Den undladelse er i vore dage ikke næstekærlighed, fordi tiderne har ændret sig.

Så det handler netop ikke om faste etiske regler til alle tider, men om at få øje på næsten gennem alle regler. Der er kun en målestok for den kristne: kærlighed til næsten. Og det skal så udfoldes på eget ansvar overfor Gud.

Det var det, den uærlige forvalter gjorde. Det var det, den barmhjertige samaritaner gjorde. Samaritaneren brød alle religiøse regler, da han tog sig af den nødstedte. Den uærlige forvalter brød alle politiske regler, da han nedskrev sin herres skyldneres gæld.

Det havde han intet mandat til.

Men han så næsten bagved mandatet og i selviskhed udøvede han kærlighed. Bag mandatet så også den barmhjertige samaritaner næsten. Det samme skal vi gøre.

Vi må ikke glemme næsten bagved statiske regler og historiske leveformer. Den kristne har et bud: elske næsten og tro på Gud. Og når vi så spørger: hvordan? Så lyder det: find selv ud af det. Og når du gør det, så roser herre sine uærlige forvaltere! For vi vil ofte blive uærlige i forhold til livets moralske normer, men ærlige i forhold til kærlighed til næsten. Livet er ikke let; men det er vores opgave at leve det i ansvar og i tro.

Amen

Uggerby kirke 2009

OMVURDERINGEN

Matt.20,20-28

Man har til tider hørt udtrykt, at kristendommen er en omvurdering af alle værdier. Altså at kristendommen omvurderer vores måde at bedømme og forstå verden. Sådan har kritikken lydt fra Nietzsche, der var en tysk filosof i forrige århundrede: at kristendommen omvurderer alle værdier, og gør de stærke svage og de svage stærke. Kristendommen forandrer verden, sagde han. Og Nietzsche regner det bestemt ikke for det gode, at det er tilfældet. Han måtte beklage, at kristendommen omvurderer alle værdier. Efter Nietzsches mening burde kristendommen fjernes fra værdiernes landkort, fordi den gør det at tjene til noget stort og ikke bare det at herske.

Nu burde Nietzsche ikke være så bekymret. Mennesker har alle dage været tiltrukket af magt og af det at herske, og kristendommens værdiforandring er ikke slået igennem alle steder. Men ikke desto mindre har han ret.

Kristendommen er en omvurdering af alle værdier, og det får vi med tydelighed illustreret i evangeliet til i dag.

Zebedæussønnernes mor kommer til Jesus, kaster sig ned for ham og beder ham om, at netop hendes sønner må få de bedste pladser i hans rige. At netop de må være storherskerne i Guds rige. Man kan da vist rolig sige at hverken deres mor eller de to sønner har foretaget nogen omvurdering af alle værdier. For dem er herskeren stor og kan bruge sin magt til det han vil. Det vil de gerne være med til!

Men Jesu svar er vel ikke, hvad de forventer, for han forudsiger sin skæbne – sin død på korset. Han peger på sin tjeneste for verden.

Det er denne omvurdering af alle værdier, som de ikke har fornemmet - endsige hørt. For Jesus ankommer netop ikke som den høje konge, vi kaster os i støvet for. Alene Jesu skikkelse, hans liv og færden, er en omvurdering af alle værdier. Den høje skaber bliver født i en stald, lever sit liv på vejene og ender som en forbryder på et kors. Det var vel næppe det udtryk, vi ville forbinde med højhed.

Men Jesus omvurderer alle værdier, og sætter det at tjene som det største. "Den, der vil være stor i blandt jer, skal være jeres tjener", siger han. Ikke alene sætter han tjenesten som det vigtigste, han ændrer også tjenerens rolle, så at tjeneren er stor og ikke ydmyg. En omvurdering af alle værdier!

Men de to sønner og deres mor er sandelig ikke ene om at have den opfattelse, at vejen frem til herligheden, som er det egentlige, går gennem en tjeneste, som blot skal gennemleves og overstås. De deler faktisk denne opfattelse med de ti andre disciple, der bliver vrede på dem, fordi netop de to prøver at få de bedste pladser. For disciplene lever stadig inden for denne verdensorden, hvor det gælder om at nå de højeste positioner, den største herlighed og de fineste pladser, hvorfra der kan herskes – og gerne herskes over de andre.

Men Jesu rige er ikke af denne verden og denne verdens forståelse af magt. For Guds magt, der lyser ud gennem Jesus, er magten til at tjene, er magten til at holde det onde fra livet, er magten i tjeneste, er magten i kærligheden. Omvurdering af magt.

For herligheden, siger Jesus, er ikke i de fine paladser. Herligheden er i det at være tjener, og derfor kan Jesus endog tale om sin herliggørelse, når han taler om sin korsfæstelse! Sin tjeneste for verden.

Det handler om virkelig tjeneste for næsten, sat i tjeneste af Gud – gudstjeneste. Det handler om at være mennesker for hinanden og ikke alt muligt andet, fordi Gud har givet den største tjeneste; nemlig selv at tjene og at give sit liv som løsesum for mange.

Således taler Jesus til sine disciple. Forkynder dem et liv og en tilværelse, der er langt større end de lige aner. Han taler dem ud af deres drømmes tåger og ind i et andet liv. Og således taler han også til os i dag: at det er for vores og for verdens skyld, at han går sin skæbne i møde, og at vi derved ikke er alene i den verdensorden, som vi nu kender: en orden af del og hersk, af stræben, der lykkes og af stræben, der går til grunde, og fortjeneste og belønning og tab og skuffelse. Denne verdensorden består her i den faldne verden – den orden, hvor magt er det væsentligste. Men midt i blandt os er Guds rige, som mødes i glimt i kærlighedens tjeneste for hinanden. I tjenesten lyses menneskelivet op i glimt, hvor

Guds rige erfares. Vi lever i denne verden, men vi møder i glimt Guds rige. Vi møder det i Jesus Kristus, der er kærlighed sat i tjeneste, for at vise for os, at vores liv ikke blot er et stræbsomt liv på vej mod døden; men er et liv til livet, hvor vi er sat i tjeneste for hinanden; altså ikke som herskere for hinanden; men som mennesker for hinanden.

Og således er kristendommen heldigvis en omvurdering af alle værdier: en omvurdering fra ren magt til kærlighed, fra mørke til lys, fra fortabelse til frelse i Jesus Kristus.

Amen

Sct. Catharinæ kirke, 2012

TIL HIMLEN MÅ DER RINGES

Johs. 8,28-36

I 1830'erne, da Grundtvig havde kæmpet sig igennem nogle af de værste slag, trængte han til en pause. Ikke bare en hvilepause, hvor han kunne slappe af, men en blot pause hvor han kunne blive fornyet og forfrisket. Han fik derfor et stipendiat af kongen og drog til England, hvor han studerede oldsaksisk poesi og kom tilbage med nye indsigter, og det i øvrigt også det engelske sprog, som han var en af de eneste, der kunne tale i det daværende København.

Men han opdagede også noget andet, som måske er lidt upåagtet. Han var opdraget i oplysningstidens ånd i lyset fra den franske revolution, hvor masserne skulle oplyses og omdannes til det perfekte menneske. Ideen var, at menneskene skulle omdannes i lyset af pædagogikkens og filosofiens indsigt. Menneskene skulle omdannes eller omskabes, så de passede til ideernes tilstand. Nogle steder gik man lidt for vidt, og gjorde dem, der ikke kunne omskabes, et hoved kortere. Men ideen var den samme: menneskets skulle omskabes.

Men da Grundtvig kommer tilbage fra England, er en af hans indsigter, at det er en umulighed, der kun medfører ufrihed og tvang. Grundtvig siger: "Jeg har været værre end nogen preusser til at ville omskabe mine medmennesker efter mine tanker og ideer. Fra nu af vil jeg ingen omskabe".

Han ville ingen omskabe, for vi er Guds værk, og det betyder jo, at vi er fri for at skabe os og hinanden om. Vi ER skabninger.

At skabe sig selv og andre om kommer der ikke andet end skaberi ud af. Vi kan også høre det på vores danske sprog, at der er en stor forskel på at være skabt og på at skabe sig.

Det er en stor befrielse, at man ikke skal skabe sig – og den frihed bør man som al anden frihed, som man selv nyder, udstrække til også sine medmennesker, hvilket betyder, at man må afstå fra at skabe dem om.

Hvad skal man så?

Ja, man kan egentlig kun gøre det at tale ordet. Man kan kun fremsige sine ord, men hvorledes de tages imod og hvorledes de har deres virkning, kan vi ingen indflydelse have på, hvis vi skal have respekt for hinandens skabthed.

Og således grundlagde Grundtvig højskolerne: i en respekt for det enkelte menneskes skabthed. Det betyder ikke at der ikke var holdning, og saft og kraft i højskolens ord, men at ordet måtte gøre det alene. Hvis man gør sig til herre over, hvorledes ordet høres og forstås, gør man sig til herre over de andres skabthed, og det er der kun én, der er.

Og således taler evangeliet til i dag også: Jesus taler ordet, og der står, at mange kom til tro ved at han talte sådan. Det er kun ved ordet, at man bliver discipel. Der er ingen tvang. Kun tale.

Det er som på påskemorgen, hvor kvinderne kommer til graven og fulde af forbløffelse møder én, der siger: Jesus er opstanden. Nu har jeg sagt jer det! Nu har jeg sagt jer det. Punktum. Nu er ordet talt. Så må I tage det op.

Med nogle svarer Jesus, at de er Abrahams efterkommere og har aldrig trællet for nogen. Og svaret fra Jesus er, at de netop ikke er frie, fordi de skaber sig ind i en ramme, der kaldes for Abrahams efterkommere. De er styret af andet og mere end ordet. Man skal åbenbart også være på en særlig måde, for at høre til.

Kun ordet gør fri. Kun ordet respekterer det skabte menneske.

Vi er ikke herre over det hørte, og det er alle totalitære regimers forkerte tro: at de er herre over det, folk hører. At folk bliver på en særlig måde, ved at modtage en særlig undervisning eller holdningsbearbejdelse. Det sker ikke. Man gør blot mennesker ufrie.

Hvis man vi omskabe mennesker efter pædagogikkens, filosofiens eller ideens billede, så gør man dem ufrie. Så har man med tvang at gøre.

Derfor taler vi i kirken kun ordet. Så kan man tage det op eller lade være. Men det gøres i en respekt for din frihed og i en respekt for, at kun én er din skaber.

Grundtvig fik denne indsigt. Og denne indsigt har vi bygget samfund og skole på indtil vore dage, selvom det på det sidste synes at knibe lidt med forståelsen af. at vi kun bygger på ordet.

Men Grundtvig satte det selvfølgelig i poesi, og det lyder således:

> ”kun til helvede kan der tvinges,
>
> til himlen må der ringes!”

Vi kan ikke gøre andet end at tale ordet, som også englen gjorde det påskemorgen og afslutte med ”nu har jeg sagt jer det!”. Den kristne tro er frihed, som også Jesus siger det i dagens evangelium. Ordet bliver forkyndt om friheden i Jesus Kristus, men ingen kan tvinge dig til at tage det op. Det ville være i modstrid med selve evangeliets kerne.

> ”Kun til helvede kan der tvinges,
>
> til himlen må der ringes!”

Der er Grundtvigs udlægning af den evangeliske indsigt, han fik. En indsigt, som han byggede både kirke og skole på. Må vi være lige så fulde af evangelium som han, så at ordet kan have fri løb i blandt os, og skabe en frihed kun grundet på ordet alene. Ordet der taler om frihed, fred og glæde i Jesus Kristus. Vi kan intet andet gøre end at forkynde det. Nu har jeg sagt jer det!

Amen

Sct. Catharinæ kirke, 2014

KÆRLIGHEDEN OVERVINDER ALT

Johs. 16,16-22

Alle forhold og særlig kærlighedsforhold har to sider. To sider, der strides indbyrdes og måske tvinger hinanden i kamp og strid.

Det er de to sider, vi kalder for fravær og nærvær. For det er klart, at kærligheden kræver et nærvær. Den kræver, at vi er til stede og ikke blot svævende indfinder os. Kærligheden lever af nærvær og samvær. Det kan den ikke være foruden.

Men lige så væsentlig er det, at kærligheden også har et fravær for at kunne være til. Det er måske ikke så indlysende, men det er dog afgørende. Kærlighed uden afstand er blot overtagelse og spejling. Hvis der ikke er nogen afstand at overvinde i kærligheden, så er den ikke til. Det er vel næsten således, at en af definitionerne af kærlighed er, at den overvinder afstand – ikke ved at forandre den elskede, men ved at elske den elskede.

For hvis kærligheden ikke forholder sig til forskelligheden – og fastholder forskelligheden hos os - så er der ikke tale om kærlighed, men blot om at spejle sig i hinanden. Men kærlighed er ikke spejling, men at forholde sig kærligt til den, der er forskellig fra en selv. For kærligheden overvinder alt.

Derfor har kærlighedsforholdet i sig indbygget en forskellighed. En forskellighed, der dog forbliver, men samtidig overvindes i kærligheden. Kærligheden har altså i sig både et fravær og et nærvær.

Et fravær, der sørger for, at den elskede også er sin egen og har sin frihed til at være til i det liv, der nu engang er. Og et nærvær, der lever i solidaritet med den elskede og deler de kår, livet nu engang byder.

Det er det forhold Jesus taler om i dagens evangelium, når han siger, at der vil være en kort tid, så ser de ham ikke, og atter en kort tid, så ser de ham igen. Jesus taler om kærlighedens væsen: selvom han er borte en kort tid, så er den elskede ikke glemt. Kærligheden dukker op i fraværet og bliver til nærvær.

Men disciplene må ængstes. Her tror de, at han skal være hos dem altid, og da taler han om at gå bort – dog kun for en tid. Men Jesus siger da, at deres sorg over hans bortgang, skal vendes til glæde. Deres trængsler skal være som en fødende kvindes, der, når hun har født, fyldes med glæde over det liv, der er kommet til verden. Deres sorg og deres trængsler er altså kærlighedens sorg og kærlighedens trængsler. Det er sorg over, at den elskede ikke er der, og det er trængsel ved at komme frem til den elskede.

Således er kærlighedens væsen. Da Paulus skulle skrive til menigheden i Korinth, kom han til at skrive om den særlige treklang: tro, håb og kærlighed. Men egentlig skulle treklangen lyde: tro, kærlighed og håb. For troen er det man står i. kærligheden er det man lever i, og håbet er det man lever for. Fortid, nutid, fremtid. Men Paulus måtte sætte kærligheden til sidst: tro, håb og kærlighed, selvom det var forkert. Det skyldtes at korintherne netop manglede kærligheden. De havde nok troen og håbet, men de manglede kærligheden og den, der mangler kærlighed, kalder Paulus for en klingende bjælde, hvilket vil sige, at man ingenting er. Hvis man har troen og håbet, men ikke kærligheden, så er man ingenting – siger Paulus – og jeg vil gerne istemme med ham.

Og Paulus sagde, at kærligheden overvinder alt og alt i verden skal forgå undtagen kærligheden. Kærligheden er det dybeste og det højeste. Kærligheden er det første og det sidste. Kærligheden er Guds almagt.

Og det er den kærlighed, Jesus taler ud af til disciplene. Den kærlighed, der ikke magtfuldt omklamrer dem og gør dem ens, så at de intet er til sidst. Men den kærlighed, der også tåler fraværet, for at gøre dem til mennesker og ikke til spejle.

Kærligheden lever af fravær og nærvær. Af fravær for at vi kan være til og af nærvær, for at vi kan være til for hinanden.

En kort tid, så ser I mig ikke og atter en kort tid, så skal I se mig. Fravær og nærvær. Frihed og bundethed. Opstandelse og kors.

Således males kærligheden altså: i korset og i opstandelsen. I fraværet og i nærværet. I fraværet, hvor Jesus dør på korset - af kærlighed til os og i opstandelsen, hvor han kommer os nær – af kærlighed til os. En kort tid ser

I mig ikke, og atter en kort tid, så skal I se mig. Fravær og nærvær. Kærlighedens væsen.

Paulus var overbevist om, at kærligheden var det inderste i kristendommen. Apostlen Johannes var overbevist om at Gud selv var kærlighed. Ja, at det var Guds væsen. Hvor vidste Paulus og Johannes dette fra? Ja, de vidste det da fra lidelsen og fraværet på korset og fra nærværet i opstandelsen. En sådan fortælling fortalte, at Gud var og er kærlighed. Det er det, vi altid bør og altid skal huske, når vi bliver spurgte hvilken Gud vi tror på: vi tror på, at Gud er kærlighed, og det ved vi fra de gerninger, han gjorde gennem og ved Jesus Kristus. Og vi ved da "at vores hjerter skal glæde sig, og at ingen skal tage vores glæde fra os"

Amen

Sct. Catharinæ 2013